La nouvelle question africaine

Hugues BERTRAND

La nouvelle question africaine

L'Harmattan

Du même auteur

Le Congo formation sociale et mode de développement, Maspero 1975.

Une nouvelle approche de la croissance française : l'analyse en sections productives, Economie et Prévision 1978.

La gestion des ressources humaines dans les banques européennes (avec Denise Annandale), Economica 1990

Etude comparative des systèmes d'emploi dans six pays d'Europe, Office des Publications des communautés européennes, 1991.

Les enjeux de l'Europe sociale (en collaboration), La Découverte 1991.

Réduction du temps de travail : que faut-il croire ? (en collaboration), Syros 1997.

« Rapport salarial et système d'emploi » in *Théorie de la régulation, l'état des savoirs*, La Découverte 2002.

"Industrial policy in France" : serious discontinuities (in : *A strong Europe but only with a strong manufacturing sector*), Schüren 2015.

5-7, rue de l'Ecole-Polytechnique, 75005 Paris

http://www.editions-harmattan.fr

ISBN : 978-2-343-14874-8
EAN : 9782343148748

Où en est l'Afrique ?

Soixante ans déjà que la France s'emploie à façonner l'Europe. Soixante ans aussi qu'elle est façonnée par l'Europe. Plutôt pour son bien et à son avantage pendant longtemps : beaucoup moins depuis quelque temps. Au cours de ces soixante longues années, elle a eu du mal à porter son regard plus loin, au-delà du continent européen en reconstruction.

Il est vrai qu'il n'était pas difficile de continuer à voir la puissante Amérique. Elle était là, chez nous où elle n'a jamais cessé d'être : omniprésente, envahissante, embarrassante et fatigante… Présente dans nos mœurs, calquées sur les siennes avec quelques années de décalage. Dans nos assiettes avec la restauration rapide et la « malbouffe ». Dans nos oreilles avec sa musique, ses chansons et sa langue partout sur nos ondes. Dans nos rues, sur nos enseignes et nos panneaux. Sur nos écrans. Dans nos entreprises de plus en plus contraintes ou enclines à s'exprimer en anglais. Dans nos travaux et recherches scientifiques condamnés à la même peine. Dans tous les domaines d'innovation technique ou consumériste. Sur les zones de conflit où les armes américaines continuent d'impressionner et d'emporter des batailles sans que ses dirigeants donnent l'impression d'avoir compris que cela ne suffit pas pour gagner des guerres.

Europe ou pas Europe, nous nous sommes progressivement résignés au rôle peu glorieux de vassaux et de copistes de l'empire américain.

L'Asie aussi aurait du mal à échapper à notre regard.

Il est impossible de ne pas remarquer le déferlement des produits industriels issus des usines chinoises, ni leur montée rapide en qualité, ni la façon dont nos boutiques de quartiers sont peu à peu rachetées et (bien) tenues par des ressortissants chinois qui se lèvent tôt le matin et n'ont pas peur de finir tard le soir.

L'Inde est moins visible. Ça ne l'empêche pas de préparer méticuleusement sa montée en puissance dans d'innombrables activités financières ou de services, tandis que ses entreprises industrielles commencent à faire preuve d'audace à l'extérieur. Dans quelques années elle sera le nouveau pays le plus peuplé du monde : pour très longtemps !

Le Japon a de beaux restes mais semble s'enliser dans une irrésistible langueur démographique. La petite Corée (du sud) n'en finit pas de nous étonner (celle du nord aussi dans un genre différent !). Le Vietnam aimerait bien lui emboîter le pas mais il a plusieurs décennies de retard et n'a pas encore tout à fait mis au point la recette.

L'Iran s'efforce de reprendre sa place au Proche-Orient où le conflit séculaire entre chiites et sunnites, particulièrement aigu en Irak et en Syrie, devient plus embarrassant que jamais : au point d'occulter de plus en plus celui entre Israéliens et Palestiniens. Le terrorisme de fanatiques islamistes qui en résulte est, lui, une préoccupation majeure en France, en Europe et aux Etats-Unis. Dans la même veine, plus loin, le Pakistan, l'Afghanistan sont embrasés par des conflits politico-religieux sans fin.

Les pays d'Amérique du Sud sont depuis longtemps en voie d'« émergence » mais peinent à franchir ce stade en raison de crises récurrentes et d'une adolescence politique prolongée.

L'Indonésie est un vaste archipel très peuplé, actif, appelé à jouer un rôle croissant, mais si éloigné. Presque aussi loin que les Philippines, que l'Australie ou la Nouvelle-Zélande qui sont au-delà de la rotondité de la terre : largement invisibles, sauf à faire le long et interminable voyage !

N'oublions pas le continent antarctique et ses manchots, à sauver impérativement des méfaits du réchauffement climatique…

Oui, je sais, j'ai fait comme tout le monde, j'ai omis un continent entier : l'Afrique !

Un continent très spécial, dont on ne parle guère, sauf pour annoncer un malheur, une famine, une épidémie, des émeutes et des massacres, des coups d'Etat électoraux, un génocide, la prise du pouvoir par des militaires ou d'interminables guerres dont on ne sait pas trop qui les mène et guère plus quels en sont les motifs !

Un continent maudit ?

En tout cas un continent qui est allé de tragédie en tragédie. La traite des esclaves noirs mise en place par les Arabes les acheminaient vers le nord-est et la péninsule arabique dès le septième siècle. A partir du 17ème siècle est venue s'y ajouter une autre traite en direction de l'Atlantique : celle du commerce triangulaire des négriers européens et de leurs partenaires américains. Une fois l'esclavage aboli, la colonisation européenne a pris le relais et le partage-dépeçage de l'Afrique a commencé…

Les « indépendances » ont succédé, trois quarts de siècle plus tard, mais en trompe-l'œil : de faux-pays, assemblant artificiellement des peuplades qui n'avaient ni langue, ni histoire, ni traditions communes. Il allait en falloir du temps, et encore du temps, et des conflits, pour qu'ils parviennent à se fabriquer un début d'histoire ; à se trouver des langues qui leur permettent de se comprendre ; pour qu'ils commencent à exister, à créer quelque chose qui ressemble à un imaginaire collectif ; à se donner l'envie ou à se convaincre de la nécessité de vivre ensemble !

Une durée suffisante pour que les anciennes puissances coloniales, la France, le Royaume-Uni et d'autres, les oublient et passent à autre chose. A l'Europe justement !

Oui, mais voilà, du temps a passé depuis cet oubli : soixante années aussi ! Soixante années pour créer ces nouveaux pays : c'est bien peu, mais les choses ont peut-être un peu plus avancé qu'on aurait pu le penser alors.

L'Afrique était « mal partie » comme le constatait un ouvrage à la fois bien et mal titré (de René Dumont) : bien titré parce que c'était exact, mal titré parce que faussement prophétique. Comment aurait-il pu en être autrement pour des pays inexistants ? Beaucoup de choses ne se sont guère améliorées depuis, il est vrai. Malheurs et vicissitudes sont toujours là, corruption, rafles, viols en série, enfants-soldats, vols ou détournements de ressources par d'innombrables groupes prédateurs, internes comme externes. La routine quoi !

Pourtant la situation n'a plus rien à voir avec ce qu'elle était.

Entre-temps sont apparues des villes : des bourgades tout d'abord, qui ont grandi, sont souvent devenues de grandes villes, parfois des métropoles, voire d'immenses mégapoles. Ces énormes rassemblements urbains sont le théâtre de bien des misères, de bien des souffrances, anciennes et nouvelles, mais ils sont aussi plein de vie : ils sont les creusets ardents au sein desquels se fabriquent et se façonnent, par la force des choses et par la volonté de vivre de leurs habitants, de nouvelles cultures et de nouveaux Africains. Les grandes villes sont les lieux de création d'une Afrique nouvelle, en voie de métamorphose. Souffrante et douloureuse, mais nombreuse, jeune, débrouillarde, volontiers rigolarde, créative, inventive. Elle va marquer la suite de notre vingt et unième siècle, et exploser dans sa seconde moitié !

Cette métamorphose et cette explosion nous concernent au plus haut point : ce continent est notre voisin, le plus proche de tous ! Nous le connaissions ou croyions le connaître : mais il a changé et n'est plus le même.

C'est à ce retour et à cette redécouverte que je vous invite dans ce voyage rapide à travers le continent africain.

Le livre est découpé en trois parties.

La première est consacrée au phénomène le plus marquant, qui gouverne tout le reste : l'extraordinaire explosion démographique urbaine africaine !

Le second se penche plus classiquement sur le démarrage économique actuel, ses mécanismes, ses faiblesses et ses carences.

La troisième examine de plus près et de façon plus concrète quelques pays parmi les plus importants ou les plus signifiants du continent.

Deux appendices, portant l'un sur le brassage des langues et l'autre sur l'histoire longue, viennent compléter ces analyses.

1. Explosion démographique africaine

. A l'échelle du continent

Les projections démographiques les plus récentes (INED) sont très impressionnantes et devraient être connues de tous.

Après être passé de 230 millions en 1950 (environ 9 % de la population mondiale) à 800 millions en 2000 (13 % de la même population mondiale), le nombre des Africains est aujourd'hui de 1 200 millions (plus de 16 %). Il atteindrait quelque 2,5 milliards en 2050 avant de culminer à un peu plus de quatre milliards en 2100 (4,4 milliards en prévision médiane, soit quelque 40 % de la population mondiale, qui devrait compter alors un peu plus de onze milliards d'humains).

Ces chiffres ont de quoi donner le vertige. Avec un taux de fécondité de près de 5 enfants par femme la population africaine double tous les vingt ans. Ce n'est qu'au tournant du siècle que les pays africains connaîtraient leur transition démographique et une stabilisation progressive (à un peu plus de 40 % de la population mondiale).

La comparaison avec la population européenne est éloquente. En 1950 les Européens (d'Europe) représentaient 22 % de la population mondiale : il y avait alors plus de deux Européens pour un Africain. Aujourd'hui la part des Européens est passée à 10 % (un Européen pour 1,7 Africain). En 2100 les Européens formeraient 6 % du total, soit un Européen (âgé !) pour 7 à 8 Africains (jeunes !) !

L'Asie continuera d'abriter le plus grand nombre d'humains (4,9 milliards prévus en 2100) mais aura déjà amorcé sa descente (un maximum à 5,3 milliards aux alentours de 2050-2060) tandis que l'Afrique, pas très loin derrière (4,4 milliards), sera encore engagée dans une progression ralentie : dans un siècle, aux alentours de 2120-2130, elle pourrait dépasser l'Asie !

Ces chiffres peuvent bouger, rien n'est acquis à un horizon aussi éloigné, mais pour le moment ils ont dû être revus (récemment encore) à la hausse. Ils sont solides (INED/ONU) et offrent un aperçu saisissant d'une des grandes questions de la seconde moitié du vingt et unième siècle (en plus de celle, beaucoup plus connue, mais reliée à celle-ci, de l'usage que nous, terriens, faisons de notre planète) : que va-t-il se passer en Afrique, que faire devant ce bouleversement de notre continent voisin ?

. A l'intérieur du continent africain

L'essentiel de la croissance démographique attendue viendra des régions dites « subsahariennes », entre Sahel (compris) et Afrique du Sud (non comprise).

Les trois pays du Maghreb connaîtront une progression modeste. Leur population totale est de 87 millions (dont 41 pour l'Algérie) en 2017. Elle atteindrait 114 millions (dont 61 pour l'Algérie) en 2100. Une progression, certes, mais limitée : ces pays ont déjà accompli leur transition démographique. Il en va de même de la Lybie, pays sous-peuplé (6 millions en 2017) et destiné à le demeurer (8 millions en 2100). Cette modération est moins marquée en Egypte où la population passerait de 95 millions aujourd'hui à 200 millions en 2100.

Le nombre des habitants de l'Afrique du Sud augmenterait lentement : de 55 millions en 2017 à 65 millions en 2100.

Ce n'est donc ni au nord, ni au sud de l'Afrique qu'il faut chercher les causes de cette explosion. C'est bien en Afrique sub-saharienne (en Afrique noire) où la fécondité des femmes demeure très élevée tandis que le nombre des décès à la naissance a beaucoup baissé : ces pays ne sont pas encore entrés dans leur transition démographique.

Dans cette perspective, les trois futurs géants démographiques africains seraient le Nigéria (190 millions aujourd'hui, 430 millions en 2050 et 750 en 2100 !), la République démocratique du Congo (85 millions en 2017, 195 en 2050 et 390 en 2100) et l'Ethiopie (105 millions en 2017, 190 en 2050 et 250 en 2100).

Le pays qui suit (le quatrième donc) est, étonnamment, le Niger : ce petit pays (vaste par ses étendues désertiques mais faible par le nombre actuel de ses habitants) bat tous les records de croissance démographique puisque sa population passerait de 21 millions aujourd'hui à 72 millions en 2050, puis 210 millions en 2100. L'âge moyen y est de quinze ans, à comparer à nos quarante et un ans !

Il s'agit de prévisions démographiques. Elles ont une signification forte car la fécondité (et la démographie qui en dépend) est une grandeur à évolution le plus souvent lente et assez bien prévisible. Elles peuvent être encore sensiblement modifiées mais sont à prendre très au sérieux.

On a du mal à imaginer que 210 millions d'habitants puissent faire souche et continuer leur existence, comme si de rien n'était, au Niger (en plein désert saharien). Sauf incidence inattendue du changement climatique, de quoi vivraient-ils ?

Ces données chiffrées sont donc autant d'interrogations sur l'histoire à venir de ces pays. Une partie de ces jeunes gens restera. Une autre partie sera très probablement condamnée, ou encline, à émigrer.

Où ?

Dans d'autres pays d'Afrique ? Ce sera certainement le cas pour un grand nombre d'entre eux qui se dirigeront vers les pays les plus prospères du continent. Mais ces pays connaîtront, eux aussi, une démographie galopante et ne pourront absorber tout le monde.

Une part substantielle prendra très probablement la route de pays tiers : lesquels ?

Ils auront évidemment tendance à choisir les pays où ils ont des parents ou des proches déjà installés. Plutôt en France donc pour les ressortissants de pays dits « francophones », ou en Belgique, en Suisse ou au Canada. D'autres viseront les Etats-Unis ou l'Australie, tout de suite ou dans une étape ultérieure.

Les Congolais (Kinshasa) continueront de donner l'avantage à Bruxelles, ancienne puissance coloniale où se trouvent beaucoup des leurs, qui ont fait souche. Mais le pays est petit : Paris n'est pas loin et on y parle la même langue !

Les Nigérians (750 millions en 2100) seront plus enclins à partir pour Londres et les îles britanniques, ou pour les Etats-Unis, le Canada ou l'Australie...

L'Allemagne, dont la population est engagée dans une spirale démographique descendante, aura de la place, des logements et des emplois : elle sera certainement une destination recherchée. L'Italie, l'Espagne, elles aussi en voie de dépeuplement, seront à coup sûr des destinations prisées.

Les candidats au grand voyage seront nombreux, jeunes, pleins de vitalité et prêts à tout pour s'ouvrir un avenir !

La démographie africaine promet donc d'être un casse-tête beaucoup plus redoutable que ce qu'on avait imaginé jusque là : une envahissante et interminable question pour l'Europe (et plus largement, pour l'occident). Elle se présentera avec une autre ampleur que les quelques millions ou les quelques centaines de milliers de réfugiés syriens et irakiens aujourd'hui. Elle viendra peser sur les mœurs, les identités, les emplois, les salaires, la santé, la sécurité sociale, la tranquillité, la sécurité, les systèmes éducatifs en Europe. Et notre pays, la France, ne sera pas le moins concerné. A cette époque (en 2100) la France, pays le plus peuplé d'Europe continentale, aurait quelque 76 millions d'habitants, le Royaume-Uni 82 millions, l'Allemagne 69 millions (80 aujourd'hui !), l'Italie 50 millions (60 aujourd'hui !) et l'Espagne 38 millions (46 aujourd'hui !) : de quoi accueillir des dizaines de millions de nouveaux habitants qui viendront occuper les postes vacants et contribuer à rééquilibrer des régimes de retraite défaillants !

. De grandes mégapoles

La croissance démographique en Afrique n'a rien d'un processus homogène et homothétique. C'est avant tout une explosion urbaine.

En 1950, au sortir de la guerre, deux villes avaient plus d'un million d'habitants dans l'ensemble du continent africain : Le Caire et Johannesburg.

Aujourd'hui 10 agglomérations africaines ont 5 millions d'habitants ou beaucoup plus : Lagos (23 millions) au Nigéria, Le Caire (20 millions) en Egypte, Kinshasa (13 millions) en République démocratique du Congo, le grand Alger (près de 8) en Algérie, Khartoum (7) au Soudan, Luanda (7) en Angola, Ibadan (6) et Kano (5) encore au Nigéria, Dar es Salam en Tanzanie (5) et Abidjan en Côte d'Ivoire (pas loin de 5).

A l'horizon 2100, une nouvelle grande transformation urbaine se dessine.

Selon une étude du Global Cities Institute de l'université de Toronto, les 3 agglomérations les plus peuplées du monde seraient alors africaines : Lagos (88 millions !), Kinshasa (84 !), Dar es Salam (74 !). Elles précéderaient les 2 villes indiennes les plus peuplées : Bombay et Delhi. Puis viendraient 2 autres villes encore africaines : Khartoum (57) et une invitée inattendue, Niamey (56), capitale d'un pays (le Niger) qui compte aujourd'hui 21 millions d'habitants (!), talonnées par Dacca au Bangladesh et Calcutta en Inde !

Ce n'est ni en Chine, ni en Amérique du Nord, ni en Amérique du Sud, ni au Japon, encore moins en Europe que se trouvent les grandes mégapoles du futur proche (2100 n'est pas si lointain que ça), mais en Afrique et en Inde ! Exit Shanghaï, Tokyo et New York, exit Mexico et Sao Paolo ! Londres et Paris sont hors course depuis longtemps !

Ces chiffres sont explosifs. On a de bonnes raisons de penser que les choses ne se passeront pas aussi simplement, pas comme ça. Cela supposerait une organisation, une voirie, une alimentation en eau et en électricité, des dispositifs d'assainissement, de lutte contre les épidémies, qui n'existent pas aujourd'hui et sont, pour l'heure, hors de portée. Tous les Congolais nés à Kinshasa dans les décennies qui viennent n'y resteront probablement pas. Cependant si Kinshasa ne compte pas 84 millions d'habitants en 2100, comme le prévoit cet institut, c'est qu'ils seront ailleurs : à Bruxelles ou à Liège, à Paris, à Lyon ou à Marseille, à Berlin, à New York, à Toronto, à Montréal ou à Sidney, partout où leur jeunesse et leur volonté de vivre les aura portés !

. Que faire ?

Ce constat est impressionnant et incite à une réflexion lucide. Elle n'est pas très compliquée. S'offrent trois possibilités très complémentaires :

- Aider ces pays à accélérer leur transition démographique par la mise en œuvre de programmes lourds visant à ralentir ce croît démographique. Mais, à supposer que ces programmes aient un effet, ce ne sera jamais qu'un ralentissement. Si ces pays entraient dans leur transition démographique 10 ou 15 ans plus tôt, leur population totale pourrait ne pas dépasser les 3 ou 3,5 milliards. Ce n'est pas impossible mais insuffisant et peu probable sans une amélioration sensible des revenus et de l'éducation. Ce qui renvoie à la question économique…

- accélérer la transition économique par un intense programme de stimulation. Ce programme n'est ni insensé ni hors de portée car nombre de ces pays commencent à être mûrs pour une longue période de croissance économique soutenue. De nombreux indices le montrent. Cela implique néanmoins un très gros effort d'aide et d'investissement de la part des pays plus riches, un haut degré de coopération entre eux, ainsi qu'avec les autorités nationales de chacun des pays concernés. Notons au passage que cette stimulation risque d'être en partie contradictoire avec les objectifs affichés de réduction des gaz à effet de serre. Mais, pour le moment, les pays d'Afrique n'en sont guère responsables !
- se préparer aussi à devoir accueillir de très nombreux migrants (des millions, des dizaines ou des centaines de millions ?). Nous n'y sommes guère prêts, peu enclins à le faire car nous savons bien quelles tensions, quels conflits, quels rejets pouvant devenir violents, quel racisme et quelle xénophobie engendreront ces évolutions et ces poussées violentes.

Pour éviter le pire et limiter les tensions, il faut évidemment jouer des trois instruments simultanément.

Le premier remède (ralentissement et transition démographique) doit être engagé avec vigueur. Il ne l'a pas été jusqu'à présent. La scolarisation demeure très partielle, insuffisante et de qualité médiocre. On sait aujourd'hui que l'accès des filles aux études secondaires, puis à l'emploi, est un facteur important de ralentissement démographique. Un soutien aux systèmes éducatifs, souvent trop lourds et trop coûteux pour des économies pauvres et à la jeunesse abondante, doit figurer au programme. Mais la clé du succès est le décollage économique et l'amélioration continue du bien-être des familles : l'expérience passée, à l'échelle de la planète, montre que l'enrichissement (la transition économique) est le principal vecteur du ralentissement (la transition) démographique.

C'est donc avant tout un programme de stimulation économique très lourd, sans précédent (une variété de plan Marshall), qu'il va falloir mettre en route pour éviter d'avoir à affronter des situations dramatiques ou catastrophiques que personne ne saurait contenir.

Il semble bien qu'on soit encore assez loin d'une prise de conscience de l'ampleur du bouleversement qui s'annonce (déjà amorcé en fait). Si l'on admet que la stimulation de l'activité économique (le « plan Marshall ») est le vecteur et l'outil principal, un examen de la situation économique de cette région du monde est indispensable.

2. Evolution économique longue en Afrique subsaharienne

Il n'y a pas que de mauvaises nouvelles : au cours des vingt dernières années, l'économie des pays de la région (subsaharienne) a connu une croissance plutôt élevée et régulière.

. Un début de démarrage depuis 1995

Après les indépendances, il y eut quelques années (une dizaine) plutôt propices, suivies d'une atonie assez générale pendant une quinzaine d'années : jusqu'au milieu des années quatre-vingt-dix. La croissance de l'activité économique mesurée (plutôt mal que bien) par l'augmentation du Pib a repris alors à un rythme tendanciel d'environ 5 % par an en moyenne en Afrique.

Compte tenu du niveau de départ (très bas), c'est assez peu. Mais on peut y voir un signe encourageant. 5 % par an signifie un doublement tous les 10 ans, un rythme double du croît démographique (doublement tous les 20 ans). C'est beaucoup mieux que rien. Depuis 2 ou 3 ans, la situation s'est malheureusement détériorée. Les Etats pétroliers (Nigéria, Angola, Congo-Brazzaville, Gabon, etc.) ont été durement affectés par la baisse des cours du pétrole et peinent à rebondir. Ceux qui dépendent moins de l'extraction des ressources naturelles s'en sortent mieux dans la période récente : Sénégal, Ghana, Côte d'Ivoire, Guinée à l'ouest, Tanzanie, Zambie, Éthiopie, Kenya, Mozambique, Rwanda à l'est.

Les analyses prospectives incitent à penser qu'avec la remontée des cours du pétrole et des matières premières l'activité économique devrait retrouver un rythme de croissance plus soutenue, dans le prolongement des tendances antérieures (après un temps d'ajustement variable selon les pays).

Mais une tendance autour de 5 % est-elle suffisante pour que ces pays « émergent » et que leur population sorte d'une misère chronique ? Un tiers des Africains subsahariens vivent avec moins de deux euros par jour !

Pour passer à un rythme supérieur, il faut allumer tous les moteurs de la croissance, en particulier celui, aujourd'hui absent, de l'industrialisation !

. Et l'industrialisation ?

Quand on examine la nature de la croissance des pays d'Afrique subsaharienne, on est obligé de constater qu'il manque une composante essentielle : l'industrie en général et les industries manufacturières en particulier.

Non seulement la part de la valeur ajoutée industrielle n'a pas augmenté mais elle a diminué, passant de 15 % en 1975 à 10 % aujourd'hui. Ce chiffre inclut de surcroît les industries extractives dont l'effet d'entraînement sur le reste de l'activité est très faible. Après un début timide d'industrialisation, l'Afrique est sortie du jeu, faute de pouvoir trouver sa place dans les chaînes de valeur de la grande phase de montée de la mondialisation industrielle. Ce rendez-vous a été manqué dans les pays d'Afrique subsaharienne : il ne faudrait pas rater le suivant !

L'urbanisation rapide engendre une prolifération d'activités commerciales, financières et de services de toutes sortes. La croissance observée reflète surtout l'essor de ces activités urbaines multiples, en général de type informel, mal identifiées et difficiles à évaluer. Certains instituts considèrent que la valeur ajoutée, mesurée avec nos indicateurs habituels, est très sous-évaluée. C'est un point à creuser.

Mais ce qui est certain, c'est que les échanges extérieurs n'ont, eux, guère changé de nature depuis les indépendances : exportations de ressources primaires résultant de l'exploitation des sols et des sous-sols (pétrole, cuivre, cobalt, bois, uranium, diamants, or, cacao, café, arachide, coton, etc.) contre importations de biens manufacturés (à peu près tout) ou même fréquemment, ce qui est plus grave, de biens alimentaires.

Il manque donc un indispensable moteur de la croissance économique : le développement industriel (et l'amélioration parallèle de la productivité agricole). Tant que ce moteur sera absent, la croissance sera bridée et l'enrichissement trop lent.

La question est donc : pourquoi cette énorme carence et comment y remédier ?

On peut y voir trois sortes de causes.

Tout d'abord l'instabilité politique et institutionnelle. Elle demeure très marquée, assez générale, et n'incite pas les investisseurs industriels à immobiliser des ressources élevées pour produire en Afrique ce qu'ils peuvent produire ailleurs à moindre risque : en évitant rançons, corruption, taxations opportunistes, conflits et guerres, milices, coupeurs de route, etc. La stabilisation politique est une condition sine qua non de l'investissement industriel, interne comme externe. On a, bien sûr, d'excellentes raisons de préférer une stabilisation (ou une quasi-stabilisation) de type démocratique (Bénin, Zambie, Libéria, Côte d'Ivoire, Burkina Faso, etc.) à des régimes autoritaires ou dictatoriaux (Paul Kagamé au Rwanda, Paul Bya au Cameroun, Denis Sassou-Nguesso au Congo-Brazzaville, Ali Bongo au Gabon). Mais ce qui compte avant tout ce sont des institutions solides, fondées sur la continuité et acceptées ou tolérées par les forces politiques en présence, donc organisées par un Etat capable de faire respecter le droit et la paix civile.

Un autre grand frein à l'industrialisation est la faiblesse des infrastructures de base. Lorsque l'électricité peut être coupée à tout moment (tous les Africains des pays francophones connaissent le sens du mot « délestage » !), de même que l'eau, lorsque les routes sont incertaines et régulièrement embourbées, tandis que les ponts sont à leur limite d'usure ou de résistance et les ports maritimes ou fluviaux saturés, quel industriel va venir installer des équipements lourds, menacés de sous-utilisation chronique, d'arrêts intempestifs ou de stockage imprévu faute de transports en état de marche ? La mise à disposition assurée d'énergie, des transports réguliers, des livraisons en temps et en heure, sans aléas, la sécurité logistique, font partie des attentes minimales des industriels pour installer des usines chez eux et, plus encore, en terre étrangère.

C'est dans cette direction (infrastructures de base) que l'effort principal doit être conduit : celui de la stimulation économique et des apports d'aide extérieure. Sans un minimum de sécurisation des approvisionnements électriques et aquatiques, de mise aux normes des routes, d'aménagement des ports, fluviaux ou maritimes, il n'y aura pas d'industrialisation de ces pays.

On peut noter au passage que ces freins ou ces lacunes concernent beaucoup moins les infrastructures numériques qui, selon ce qu'on peut en savoir par des enquêtes, sont suffisantes pour n'être pas des entraves systématiques à l'installation d'entreprises et d'activités industrielles.

La troisième grande lacune est à rechercher du côté de la formation de la main-d'œuvre. Elle est abondante et bon marché mais, faute d'industrie, elle n'est pas préparée aux métiers correspondants. Des trois handicaps cités, c'est probablement le plus aisé à franchir : il suppose des programmes de formation aux métiers techniques adaptés à l'évolution des besoins et des secteurs d'industrialisation ; il suppose aussi de promouvoir une culture technique souvent très faible.

A titre d'illustration sous forme de contre-exemple on soulignera ici que l'île Maurice est le seul pays de la région à avoir à ce jour développé une véritable industrie manufacturière. C'est un pays dont les institutions (démocratiquement respectées) sont très stables, qui a mis en place les infrastructures de base indispensables (électricité, eau, transport). Il dispose par ailleurs d'une main-d'œuvre formée et de qualité. Il satisfait les trois conditions énoncées ci-dessus.

. Des signes politiques encourageants

De ces trois points (politique, infrastructures, main d'œuvre), c'est le premier (stabilité politique) qui parait le plus délicat ou le plus long à obtenir. C'est une évidence. Mais il est peut-être moins mal engagé que les informations alarmistes (qui prédominent toujours dans les médias) pourraient le laisser penser. La situation paraissait bloquée il n'y a pas si longtemps encore : mais elle a progressé. Il y a aujourd'hui pratiquement autant de régimes démocratiques (ou s'en approchant) que de régimes dictatoriaux. Du côté des premiers, citons le Sénégal, le Burkina Faso, le Bénin, le Ghana, la Zambie, le Nigéria, le Mali, le Niger, la Tanzanie, le Kenya, la Côte d'Ivoire sur un mode convalescent, ainsi que l'Afrique du Sud et la Tunisie (pour citer un pays en dehors de la zone subsaharienne).

Il y a eu malheureusement des coups d'État électoraux récents réussis (en 2015-2016) au Congo (Brazzaville), au Gabon, en Guinée équatoriale, au Burundi.

A l'inverse le régime autoritaire de Joseph Kabila en République démocratique du Congo n'est pas parvenu à imposer un troisième mandat en sa faveur : des émeutes populaires très vives (et tristement ensanglantées) ont stoppé net le coup de force en préparation. Cependant le meilleur n'est pas encore sûr. Le mandat de Joseph Kabila devait prendre fin en décembre 2016 et l'ancien président est toujours là, ayant largement dépassé le terme de son mandat légal. Des élections, sans cesse reportées, viennent d'être fixées à fin 2018. Si cet immense pays d'Afrique centrale pouvait basculer du bon côté et se doter de façon démocratique de vrais dirigeants responsables et d'un Président digne de ce nom, un immense pas aurait été fait dans la bonne direction pour le continent entier !

. Des infrastructures de base insuffisantes

Le second point (les infrastructures de base) nécessite un très gros effort financier de la communauté internationale. La période n'est pas propice. Il faut arriver à convaincre et à faire comprendre deux choses :

- d'une part que ces pays sont aujourd'hui mûrs (à des degrés divers : la Centrafrique en est encore loin !) pour cette nouvelle phase (indispensable) de leur essor
- d'autre part que c'est le prix le moins lourd à payer pour éviter ou limiter désordres, envahissement et déferlement de migrants en tous genres pendant de nombreuses décennies…

On n'échappera pas à ce programme. Cependant le premier pas n'est pas à faire en Afrique : il est à faire ici ! Faire connaître et comprendre l'ampleur des évolutions en cours et leur impact sur notre avenir et celui de nos enfants. Examiner les réponses de façon réaliste. Cela suppose une prise de conscience dont nous sommes encore loin et qui suscitera des réactions très contrastées. Au cours de la dernière campagne électorale présidentielle en France, on s'est beaucoup empaillé sur l'Europe, sujet central (justifié) d'actualité depuis des décennies, mais il n'est pas certain que le mot Afrique ait été prononcé une seule fois par un candidat. Peut-être par E. Macron, une fois, vite, en passant !

Pourtant chacun des candidats insistait sur le fait qu'il était le seul à inscrire son programme et son action dans une vision de long terme et non dans les gesticulations du moment !

3. Panorama de quelques grands pays

Il n'est pas inutile de situer les grands pays africains les uns par rapport aux autres. Le Pib (Produit intérieur brut) est un très mauvais indicateur mais il est meilleur que rien du tout. On a retenu ci-dessous le Pib PPA (Parité de Pouvoir d'Achat) qui est un peu moins mauvais. Sous cette réserve, qui n'est pas de pure forme, les plus grandes économies du continent africain en 2013 se classent comme suit :

- Deux pays sont nettement en tête : le Nigéria (973 Milliards de $) et l'Egypte (910 M $)
- Deux pays suivent : l'Afrique du Sud (662 M $) et l'Algérie (523 M $)
- Viennent ensuite le Maroc, l'Angola, le Soudan, l'Ethiopie, la Lybie, le Kenya, la Tunisie et le Ghana, dont le Pib PPA va de 240 M $ à 100 M $
- Suivent 5 pays dont les Pib sont compris entre 85 M $ et 50 M $: Tanzanie, Côte d'Ivoire, Cameroun, Zambie et République démocratique du Congo
- Les pays suivants (du 18ième au 30ième) ont un Pib compris entre 32 M $ et 17 M $: Madagascar, Gabon, Sénégal, Burkina Faso, Mozambique, Tchad, Congo (Brazzaville), Zimbabwe, Guinée équatoriale, Mali, Île Maurice, Namibie, Rwanda
- Tous les pays restants ont un Pib inférieur à 17 M $

Le classement des pays selon l'importance du *Pib par tête* est très différent, comme on s'en doute :

- Le Nigéria et l'Egypte, en tête dans le premier classement, passent à la 16ième et à la 22ième place respectivement avec 6 000 $ et 3 200 $ par tête

- Les pays pétroliers peu peuplés occupent des places de choix : Guinée équatoriale (34 000 $) en tête (!), Lybie et Gabon (environ 20 000 $),
- Algérie, Afrique du Sud, Tunisie, Angola, Namibie, Maroc suivent d'assez près

La Guinée équatoriale a le niveau de Pib par tête le plus élevé du continent : information de faible intérêt puisqu'elle signifie simplement qu'il y a beaucoup de pétrole et peu d'habitants dans ce pays.

En revanche la véritable tête de liste, le modèle à analyser, est l'Île Maurice, qui vient en 5ième position (17 000 $). Cette petite île de l'océan indien, est le seul pays d'Afrique à avoir réussi à développer une industrie manufacturière exportatrice qui commence à se diversifier : textiles, vêtements, équipements électriques, instruments médicaux, télécoms, ciment, sucre et ses valorisations industrielles. Le tout est complété par une vaste palette de services aux entreprises et aux particuliers, des centres d'appel qui utilisent son bilinguisme (francophone et anglophone) paisible, une activité financière et bancaire prolifique, une industrie touristique prospère. Les activités financières en revanche, ne sont probablement pas toutes recommandables et Maurice se fait régulièrement montrer du doigt pour son rôle de paradis fiscal.

L'île Maurice n'arrive qu'en 28ième position du classement par importance du Pib PPA (22 milliards $) parce que ce n'est qu'une petite île (moins de 1900 km2 : une grande Guadeloupe !). Elle abrite néanmoins un peu plus d'un million d'habitants (1,2 million), et son Pib par tête (17 000 $) est le plus élevé de tous (si on exclue les pays pétroliers). Pourtant, en 1960, à l'époque des indépendances, son sort apparaissait comme scellé dans les études internationales. Isolée au milieu de l'océan indien, sans aucune ressource du sous-sol, habitée par des groupes ethniques hétérogènes et fortement séparés, sans aucun avantage spécifique : condamnée donc (par les experts) à végéter et ses habitants à partir ! Heureusement ses institutions ont fonctionné, de façon démocratique, et elles ont conduit au pouvoir des responsables de valeur qui ont su la doter d'une stratégie économique tout en faisant preuve de pas mal de flair tactique.

Il n'est pas inutile de souligner qu'il s'agit d'un pays neuf, à sa manière : une île de l'océan indien inhabitée jusqu'au dix-septième siècle, peuplée d'abord par quelques colons hollandais, puis par des colons français (« Isle de France »), enfin par une immigration en provenance du sud de l'Inde (la majorité), de Madagascar, d'Afrique continentale (esclavage) et même de Chine.

C'est un des rares pays de la région à avoir accompli sa transition démographique. Et même à être allé bien au-delà puisqu'aujourd'hui les femmes n'y font pas plus de 1,4 enfant : sa population devrait passer de 1,2 million aujourd'hui à moins d'un million en 2100. Le seul pays d'Afrique (en position insulaire il est vrai) à connaître une décroissance démographique !

Un pays à ausculter et à anatomiser de près !

Mais ces classements généraux et quantitatifs n'ont qu'un intérêt limité. C'est pourquoi on a procédé ci-après à un examen synthétique de 9 pays (vus chaque fois sous un angle particulier pour ne pas être trop long), soit en raison de leur importance : Nigéria, République démocratique du Congo (les deux « géants ») ; soit en raison d'un intérêt singulier qui sera indiqué au passage (Tanzanie, Ethiopie, Cameroun, Côte d'Ivoire, Niger, Kenya, Sénégal).

. Nigéria
Une industrialisation annoncée mais qui se fait attendre !

Un pays multiple

Le Nigéria est un pays de 190 millions d'habitants répartis sur une superficie d'un peu plus de 900 000 km2. Le nord est de religion musulmane principalement, le sud (la côte en particulier) plutôt de religion chrétienne (au pluriel) ou autre. Tensions et conflits religieux ou interethniques sont fréquents. La présence de la secte islamiste Boko-Haram dans la région nord-est un facteur d'insécurité et d'instabilité très handicapant.

C'est un assemblage très hétéroclite : une multitude d'ethnies et de langues (plus de 300). La langue officielle est l'anglais. Trois autres langues sont également enseignées à l'école et appelées à jouer un rôle important : le haoussa, le yorouba et l'igbo. L'anglais est parlé à Lagos et dans les grandes villes, très peu dans les campagnes. Les trois autres langues jouent un rôle de langue véhiculaire (avec l'anglais) dans les sous-régions du pays.

C'est un Etat de structure fédérale (12 Etats fédérés).

Ce pays est à la fois riche et pauvre. Riche en raison de l'importance de la production de pétrole fossile. Pauvre parce que cette production ne profite guère à ses habitants. Deux chiffres rendent ce contraste bien perceptible : environ 60 milliards de dollars de production pétrolière annuelle (avant la chute du prix du pétrole) constituent 90 % des recettes d'exportation et 70-75 % des revenus du budget national ; mais les 2/3 de la population vivent au-dessous du seuil de pauvreté avec 1,5 dollar par jour !

Le Nigéria est considéré depuis longtemps comme le géant économique de l'Afrique. Beaucoup de grandes entreprises ont une filiale, un ou des partenaires locaux, et cherchent à s'implanter pour être prêtes lors du futur « décollage » tant attendu. Pour le moment, comme le souligne l'Usine Nouvelle, il faut surtout s'armer de patience…

Une industrialisation qui se fait attendre

La période post-coloniale avait été plutôt faste. Il s'était par exemple constitué une véritable industrie textile : 180 usines et 350 000 emplois salariés dans les années 70-80 ! L'adhésion à l'OMC et l'ouverture à la concurrence internationale dans la deuxième moitié des années 90 de ces activités protégées jusque là ont eu raison de ce début de prospérité : il restait 27 000 salariés dans l'industrie textile en 2016 !

Les « délestages » (d'alimentation électrique) font des dégâts récurrents ici comme ailleurs et rendent l'activité et la production toujours aléatoire. Depuis la chute des prix du pétrole s'y ajoutent de très grandes difficultés d'approvisionnement en intrants difficiles (parfois impossibles) à importer, faute de devises pour pouvoir les acheter à l'étranger. C'est ainsi que, au cours des dernières années, plusieurs milliers de petits producteurs de chaussures en plastique ou en matériaux industriels divers ont dû cesser leur activité en raison de la pénurie de matières premières importées.

Le pays a cherché à se doter d'une industrie automobile et a taxé de façon drastique les importations (70 % de la valeur des véhicules) pour obliger les constructeurs à commencer à monter des chaînes d'assemblage de voitures sur place. Plusieurs constructeurs ont joué le jeu et monté des chaînes dans le pays qui, en retour, les a encouragés : les constructeurs locaux pouvaient bénéficier d'un allègement des taxes (à l'importation) en proportion du nombre de voitures assemblées dans le pays. La production de ces voitures assemblées sur place a ainsi atteint une dizaine de milliers de voitures. Mais, avec la crise et la pénurie de devises, leur production a chuté à 6 000 exemplaires, en raison des difficultés d'approvisionnement extérieur. Ce qui a mis l'accent sur une autre lacune : pas d'industrie automobile sans un minimum de fournisseurs et de sous-traitants sûrs et, autant que possible, locaux !

Plus largement on peut d'ailleurs se demander s'il n'est pas prématuré de vouloir construire une industrie automobile à l'échelle du continent africain (telle était l'ambition annoncée) dans un pays au marché automobile très étroit en dépit de son immense population (190 millions d'habitants). Le marché du neuf se limite en effet à une petite soixantaine de milliers de véhicules dans un pays où le parc automobile est constitué presque exclusivement de voitures d'occasion ! Le marché du neuf en Afrique du Sud, qui était le pays modèle (celui que les dirigeants nigérians voulaient imiter), y est beaucoup plus important : 400 000 voitures, soit le tiers du marché du neuf africain. L'Afrique du Sud en produit 600 000 : la base locale est tout de même plus solide !

Plusieurs autres pays africains ont entrepris de se doter d'une industrie automobile à l'échelle du continent : le Maroc, l'Algérie et l'Egypte.

L'industrie automobile africaine est en train de se construire ailleurs…

Considérons le Maroc qui semble être en passe de réussir son pari. Il a un marché intérieur, donc une base locale, beaucoup plus importante que le Nigéria : entre 160 et 170 000 voitures neuves achetées chaque année. Renault a installé une usine d'assemblage très importante à Tanger : 400 000 véhicules à terme. PSA a inauguré récemment son installation à Kénitra qui commencera avec une capacité de

90 000 unités, qui pourrait être portée jusqu'au double si le succès est au rendez-vous.

Par ailleurs, le gouvernement marocain suscite la création d'un tissu industriel de fournisseurs locaux (surtout câblage et électricité, dans un premier temps). Le marché visé est la Méditerranée et l'Afrique.

Le Maroc bénéficie donc par rapport au Nigéria d'un triple avantage : un marché intérieur beaucoup plus important (le triple), un marché extérieur plus large (il inclue également l'ensemble de la Méditerranée), enfin une politique plus complète (accompagnement et stimulation de la montée en puissance de fournisseurs locaux). On pourrait y ajouter : des infrastructures plus sûres (alimentation électrique) et une plus grande stabilité politique (sécurité des personnes et pas de Boko Haram).

Des « classes moyennes » encore peu nombreuses

Nous avons ainsi mis le doigt sur une faiblesse persistante, même dans un pays « géant » de 190 millions d'habitants comme le Nigéria : la faiblesse des « classes moyennes ». Il ne suffit pas d'avoir des milliards de dollars (du pétrole) à disposition : encore faut-il que le pays en bénéficie. L'humus des classes moyennes est indispensable. On ne peut pas s'en passer. Ni du côté de la demande : un marché de 60 000 voitures neuves par an ne permet pas d'envisager de créer une industrie automobile (sauf à gâcher les milliards du pétrole qui seraient mieux utilisés pour développer d'autres industries manufacturières plus légères). Ni du côté de l'offre : les classes moyennes sont celles qui font tourner les entreprises et l'économie.

La politique industrielle doit donc viser un double objectif : susciter ou accompagner le développement d'industries manufacturières ; mais aussi accélérer l'essor des classes moyennes de techniciens, d'employés, de petits entrepreneurs, d'indépendants, qui constituent le socle solide et structurant de l'économie. Tel devrait être le programme d'utilisation de la manne pétrolière (lorsqu'elle reviendra) !

. République démocratique du Congo
Ascenseur bloqué au sous-sol !

Un pays de paradoxes : très riche et très pauvre

La République démocratique du Congo est le pays de tous les paradoxes.

C'est un pays immense (2 345 000 km 2 : presque aussi grand que l'Union Européenne) qui regorge de richesses.

Richesses du sol : une superficie en terres arables bien arrosées presque suffisante pour nourrir toute l'Afrique ; des ressources forestières illimitées qui constituent, juste après la forêt amazonienne, le second poumon de la planète (10 % des forêts mondiales et 47 % des forêts africaines).

Richesses du sous-sol : coltan, diamants, cobalt, lithium, manganèse, nobium, fer, cassitérite, wolframite, cuivre, zinc, or, etc.

Puissance du débit et du réseau fluvial : le bassin du Congo et de ses affluents, coulant sur un million de km 2 d'étendue, donne son unité et sa raison d'être au pays. Le projet de super-barrage d'Inga 4 sur le fleuve Congo (en amont de l'estuaire) suffirait pour assurer l'approvisionnement électrique du continent africain. Le potentiel hydroélectrique du pays est estimé à 13 % du potentiel mondial.

Vastes étendues d'eaux poissonneuses dans ses grands lacs à l'est : lac Tanganyika (33 000 km 2 : plus grand que la Belgique !), lac Albert (5 300 km2 : grand comme 2 Martinique !), lac Moero (5 100 km 2), lac Kivu (2 700 km 2), lac Edouard (2 300 km 2, lac Mai-Ndombé (2 300 km 2), pour ne citer que les plus grands. A titre de comparaison le lac Léman (notre plus grand lac, partagé avec la Suisse) fait 580 km 2, soit 1,7 % du lac Tanganyika !

Très grande diversité des paysages et des climats : un vaste bassin fluvial équatorial forestier chaud et humide ; un plateau austral frais et plutôt sec, avec de larges savanes ; des régions orientales montagneuses humides et plutôt froides, avec leurs grands lacs et leurs chaînes de volcans élevés souvent très actifs (le Sabiniyo à 3 645 m, le Nyiragongo à 3 470 m, le Nyamuragira à 3 058 m, et d'autres). Le pic Marguerite, sommet du pays (sur le mont Stanley), culmine à 5110 m.

Diversité de la faune aussi : gorille des montagnes, gorille des plaines, chimpanzé, bonobo, éléphant, lion, léopard, antilope, okapi, buffle, zèbre, rhinocéros blanc, rhinocéros noir, hippopotame et girafe, pour ne citer que les plus connus. Mais aussi des crocodiles, des pythons, des perroquets, des flamands roses, des hérons, des colibris, etc. ; faune des grands lacs, des montagnes, des savanes arborées et des forêts profondes.

La diversité de la flore est aussi à l'image de ce gigantesque pays : flore de savane, de forêt, d'altitude, flore aquatique. Le Congo fait partie des rares pays auquel on peut appliquer le terme de « méga-diversité » pour caractériser sa flore.

De l'eau partout donc : non seulement dans les rivières, les fleuves, les grands (et la multitude des petits) lacs, mais aussi dans les sols qui reçoivent pluies et orages en abondance (en cataractes !) une bonne partie de l'année.

Paradoxe parce que ce pays gorgé d'eau ne parvient pas à assurer l'approvisionnement régulier de ses habitants contraints d'installer sur leurs toits des citernes de recueil des eaux de pluie, ou de parcourir des kilomètres pour s'en procurer. La moitié seulement des habitants a accès à l'eau potable.

Paradoxe parce que ce pays qui a suffisamment de terres arables (135 millions ha) pour nourrir une bonne partie du continent importe 30 % de sa nourriture, tandis que 70 % de la population est considérée comme sous-alimentée aujourd'hui (contre 25 % en 1990).

Paradoxe parce que ce pays, qui a de quoi alimenter une bonne part du continent africain en électricité, vit dans les « délestages » quotidiens, tandis qu'un habitant sur six seulement a accès à l'électricité !

Paradoxe parce que ce pays qui des paysages magnifiques, une faune variée et unique, une flore des plus diverses, des régions au climat agréable, n'est pas encore parvenu à attirer quelques-uns des nombreux visiteurs touristiques qui sillonnent le Kenya ou la Tanzanie voisines.

Paradoxe parce que le sous-sol de ce pays, si riche, ne rapporte presque rien à ses habitants.

Ce pays géant pourrait être (et sera probablement un jour) l'un des plus riches du monde : il est aujourd'hui l'un des plus pauvres !

Paradoxe enfin parce que ce pays si pauvre, qui a connu (et connaît toujours) tant de guerres, de viols, de rapines, de détournements de richesses, qui n'a cessé d'être pillé et mis à sac par sa classe dirigeante et par la multitude des prédateurs post-coloniaux qui lui tournent autour, devrait être l'un des plus moroses et des plus tristes de la planète. Or il est l'un des plus gais, des plus animés et des plus créatifs : à Kinshasa sa capitale (où une bonne partie de la population mange un repas par jour, voire un jour sur deux) musique, danse, habillement et « sape [1]», mode, galéjade, humour, débrouille (le fameux « article 15 » de la Constitution supposé en livrer la clé : démerdez-vous !) sont de véritables arts du quotidien pratiqués (avec talent) par (presque) tous !

---

[1] SAPE : localement « Société des Ambianceurs et des Personnes Elegantes »

Un pays totalement désespérant mais jeune et pas du tout désespéré !

Des ressources à profusion : des prédateurs aussi !

Pendant longtemps, du temps de la colonie, le pays avait développé des cultures de rente : culture intensive de l'hévéa (surtout du temps du roi Léopold), du cacao, du café, du palmier à huile, du thé. Parallèlement avait démarré l'exploitation des gisements de cuivre du Katanga avec la création de l'Union Minière du Haut Katanga, devenue un Etat dans l'Etat avec ses villes, ses écoles, ses règlements et son système social.

Puis, après l'indépendance, avec l'instabilité politique et la dégradation des routes, les cultures intensives ont été peu à peu laissées en friche, tandis que les nouvelles autorités publiques mettaient la main sur l'Union Minière du Haut Katanga, nationalisée en 1966 et utilisée ensuite comme vache à lait du régime. Aucuns travaux d'entretien, encore moins de modernisation, aucuns réapprovisionnements en pièces de rechange : une simple machine à produire de la liquidité pour alimenter les caisses de l'Etat ! Au bout de quelques années de cet usage pernicieux, les installations et les équipements miniers sont tombés en panne ou ont dû être mis à l'arrêt, tandis que certaines mines s'effondraient !

La production de cuivre a lentement décliné, passant de 300 mille tonnes en 1960 à pratiquement rien, avant même les années de guerre civile (première guerre du Congo en 1996-97, seconde guerre en 1998-2002) et au delà de l'éviction de Mobutu, chassé en 1997 par une coalition des armées rwandaises et ougandaises et remplacé par un certain Laurent-Désiré Kabila, père de l'actuel président.

L'activité minière n'a repris qu'après une réorganisation complète de l'exploitation des mines. Elle a été confiée (moyennant des rétributions de montant inconnu) à de puissants consortiums privés (le conglomérat suisse Glencore en particulier). Elle a aussi donné lieu à une association de type nouveau : le « contrat du siècle » signé en 2008 entre la Chine et le Congo mettait en place un échange « ressources contre infrastructures » entre entreprises (et banques) chinoises et partenaires étatiques congolais. D'un montant initial de 8 milliards de $, ramené à 6 milliards à la suite de pressions internationales, ce contrat cède la concession d'exploitation de plusieurs grosses mines de cuivre à une société mixte sino-congolaise (la Sicomines : 68 % de capitaux chinois, 32 % à la Gécamines, société d'investissement de l'Etat congolais issue de l'ancienne Union Minière) en contrepartie d'un important programme de travaux d'infrastructures : barrages, routes, ponts, ports, écoles, eau.

Dans cette nouvelle configuration l'exploitation du cuivre a repris : de 22 mille tonnes en 2006 on est passé à 335 mille tonnes en 2008, puis 496 mille tonnes en 2010, 920 mille tonnes en 2013, un maximum de 1 030 mille tonnes en 2014, puis une décrue consécutive à l'affaissement brutal des cours du cuivre, mais une reprise en 2017, avec la remontée probablement durable de ces mêmes cours : 1 005 mille tonnes prévues (1er producteur africain, sixième producteur mondial) et 1,5 million de tonnes espérées en 2018. Le cuivre a donc repris sa place dans l'économie congolaise avec des retombées un peu plus normalisées sous forme d'infrastructures et de recettes fiscales. Il est peu probable que cette place ne soit pas confirmée par la suite car on vient de découvrir un nouveau grand gisement (le plus important du pays) à Kamoa (pointe sud-est du pays).

Mais l'histoire minière du Congo ne s'arrête pas là.

Outre ses réserves de cuivre (75 millions de tonnes, Kamoa non compris), le sous-sol congolais contient la moitié des réserves mondiales de cobalt : après une chute vertigineuse ces dernières années le cours du cobalt est en train de reprendre car il est indispensable dans les batteries et piles rechargeables, ce qui lui ouvre un avenir prometteur. Le Congo produit dès à présent plus de la moitié du cobalt mondial (69 000 tonnes en 2015) suivi de très loin par la Chine (7200), le Canada (6600) et l'Australie (6000).

A cette production s'ajoute celle de coltan (colombo-tantalite) dont on extrait le tantale nécessaire aux condensateurs (électronique pour téléphones, ordinateurs et automobiles), ou pour fabriquer les « supra-alliages » utilisés dans les industries aéronautiques et spatiales. La RDC est actuellement le troisième producteur de ce métal (992 tonnes en 2015), mais elle détient entre 60 et 80 % des réserves mondiales dans la région du Kivu, à la frontière du Rwanda. De très nombreuses milices opèrent malheureusement dans cette région et viennent prélever (de façon parfaitement illégale) leur part de ces gisements. A commencer par l'armée rwandaise (et des comparses) particulièrement entraînée à ces rapines : ces détournements sont estimés à ce jour à plusieurs centaines de millions de dollars.

Il y a beaucoup d'autres métaux ou matériaux précieux dans le sous-sol congolais : lithium, nobium, manganèse, zinc, fer, cassitérite, or, diamants, pour l'essentiel. La RDC produit officiellement quelque 27 millions de carats de diamants chaque année ce qui la place au 4ème rang des pays producteurs avec 15 % du total (mais une partie du diamant congolais passe la frontière en fraude et apparaît dans les statistiques d'autres pays) derrière l'Australie, le Botswana et la Russie (n° 1).

L'exploitation minière rapporte au budget de l'Etat, dont elle est la première contributrice. Elle rapporte aussi des sommes colossales (inconnues) aux principaux décideurs (à commencer par Joseph Kabila, Président de la République, sa famille et sa camarilla). Une loi votée en 2018 devrait permettre d'augmenter substantiellement les rentrées correspondantes mais il est prévu qu'elle donne lieu à « négociation » au cas par cas ! Au total l'exploitation minière n'a guère d'effets d'entraînement dans le reste du pays. Elle laisse en particulier l'agriculture dans son état actuel : une (toute) petite production familiale de très faible rendement, qui augmente, certes, mais qui a du mal à accompagner la démographie du pays.

Industrie inexistante, agriculture à la traîne, absence de préoccupations productives

L'exploitation minière, accaparante, n'a pas eu le moindre effet sur l'industrie manufacturière, totalement absente des préoccupations des dirigeants (et de la sphère publique en général). L'industrie est inexistante : quelques meuneries « industrielles », quelques brasseries, usines de fabrication de sodas, quelques fabriques de yaourts, un peu de chaudronnerie, une unité de recyclage des sacs plastiques, quelques cimenteries, un peu de pharmacie. Il y avait eu un début d'industrie textile (production de wax) qui a disparu à la fin des années 90. La politique industrielle est une non-question dans les sphères dirigeantes. Elles ne s'intéressent, lorsqu'elles s'intéressent à quelque chose (en dehors de leurs commissions), qu'à l'éventuelle valorisation locale des produits miniers : une bataille récurrente, sans résultat jusqu'à présent, vise ainsi à obtenir des producteurs de cuivre qu'ils raffinent sur place le minerai.

Il y a donc encore beaucoup à faire pour faire entrer dans les préoccupations des responsables politiques une politique agricole (qui supposerait de s'intéresser au monde rural et à l'alimentation des Congolais) et une politique d'industrialisation (qui supposerait de s'intéresser un tout petit peu à l'industrie) : cette dernière implique d'avoir au moins la volonté de créer les conditions de base (électricité, eau, transports) pour que le lancement de ce type d'activités puisse être envisagé, ou pour espérer attirer des investisseurs étrangers.

S'agissant de l'agriculture, la production de manioc (aliment de base) est passée en principe (une rupture en 2010 dans les séries statistiques rend les comparaisons inter-temporelles fragiles) de 17 millions de tonnes en 1995 à 35 millions de tonnes en 2014 (dernières données). La production de patate douce a augmenté de 169 mille tonnes (1995) à 477 mille tonnes (2014), celle d'igname de 89 mille tonnes (1995) à 100 mille tonnes (2014), ou encore celle de pomme de terre de 87 mille tonnes (1995) à 100 mille tonnes (2014). La production vivrière a donc augmenté, mais elle peine à accompagner le croît démographique (multiplication de la population par 1,8 entre 1995 et 2014). Le cheptel (bovin, ovin, caprin, porcin) est, dans le meilleur des cas, stationnaire (pas une tête de bétail de plus qu'il y a 20 ans) et n'a pas du tout suivi l'augmentation de population.

Les 80 000 salariés recensés dans les statistiques comme œuvrant dans les « industries extractives » rapportent, bien sûr, des salaires et font vivre un peu de monde. Mais, même dans cet univers, c'est la partie « informelle » qui procure des moyens de subsistance au plus grand nombre. Les exploitants artisanaux, appelés « creuseurs », s'activent autour des mines (à leurs risques et périls), creusent des puits (avec les instruments du bord) pour récolter du minerai de cuivre, de cobalt, de la cassitérite, de la wolframite, etc., qu'ils revendent pour des prix de misère. Ils sont beaucoup plus nombreux que les salariés des grandes entreprises exploitantes. On considère qu'il y a environ 10 « creuseurs » pour un salarié, soit quelques 800 000 personnes (des hommes et des enfants) auxquelles viennent s'ajouter les petits métiers qui tournent autour. Au total environ un million de personnes vivent assez misérablement de l'exploitation marginale de ces ressources naturelles dont le pays est si richement doté.

De leur côté les statistiques macroéconomiques font apparaître une croissance rapide et continue au cours des 10 dernières années : à peu près 6 % par an depuis 10 ans. De quoi inciter un observateur non averti à l'optimisme !

C'est en vérité un changement complet de modèle économique qu'il faut envisager et, pour y parvenir, un changement non moins complet de classe politique. Cela a un nom usuel : une révolution !

Ce pays est un tel scandale et une telle caricature qu'il n'est pas impossible qu'elle se produise !

Le plus grand pays francophone ?

Un dernier point doit être évoqué à propos de cet immense pays. Il s'agit, nous dit-on, du pays francophone le plus peuplé de la planète (85 millions d'habitants à comparer aux 67 millions de Français). « Nous dit-on », parce que le français est certes répandu et présent partout (enseignes des magasins, publicité, presse, radio, télé, administration et services publics, écoles, universités, parole publique) mais il est peu pratiqué à l'oral (il n'est langue première que dans les classes supérieures), sinon en alternance avec les autres langues présentes (lingala et swahili en particulier) tandis qu'il commence à pâtir de la très grande faiblesse de l'enseignement (et du corps enseignant). Il est la langue officielle d'un pays très vaste et multilingue (entre 200 et 300 langues) dans lequel ont été définies quatre langues nationales qui ont vocation à unir leurs régions (en y servant de lingua franca) : le lingala (qui est la langue du fleuve, celle de l'armée aussi, et surtout celle de Kinshasa), le swahili parlé à l'est et au sud-est (Katanga, Kivu)), le Tchiluba parlé au centre et au sud-ouest (Kasaï), le kikongo, parlé à l'ouest. Un brassage permanent s'opère : le lingala de Kinshasa est de plus en plus truffé de français, de même que le swahili de Lubumbashi ou de Goma, qui s'éloigne peu à peu du swahili de l'est, celui de la Tanzanie, du Kenya, de la Zambie et de l'Ouganda. En retour le français de Kinshasa ou de Lubumbashi est envahi d'expressions lingala ou de vocables swahili. Ce pays est une forge linguistique : elle est active, féconde et parfois détonante !

. Tanzanie
Beaucoup d'essais, peu transformés...

Un pays de grands lacs

La Tanzanie (945 000 km 2) est moins vaste que le Congo-Kinshasa, mais un peu plus que le Nigéria. Avec ses 57 millions d'habitants, elle est en revanche beaucoup moins peuplée que l'un et l'autre. Mais son dynamisme démographique est impressionnant puisque les prévisions actuelles (ined/onu) lui attribuent 300 millions d'habitants en 2100 !

C'est un pays de l'Afrique de l'Est qui partage certains traits communs avec l'Afrique centrale et la RDC : en particulier un climat équatorial chaud et humide, tempéré cependant, sauf dans les plaines côtières, par l'altitude (vaste plateau central à 1200 m). Il comporte également une alternance marquée entre saison sèche et saison des pluies. La présence de grands lacs d'eau douce d'altitude est un autre élément commun : le lac Tanganyika tout d'abord, partagé avec la RDC, puis l'immense lac Victoria, à 1160 m d'altitude, dont la moitié environ se trouve en Tanzanie, le reste en Ouganda ou au Kenya. Il s'étend sur une superficie de 68 000 km 2, ce qui en fait le second plus grand lac d'eau douce de la planète (après le lac supérieur en Amérique du Nord). Sa profondeur est assez faible

(40 m en moyenne), bien inférieure à celle du lac Baïkal en Russie, 1ère réserve mondiale d'eau douce, ou à celle du lac Tanganyika (570 m de profondeur moyenne) qui borde aussi le pays à l'ouest, et qui contient la seconde réserve d'eau douce du monde ! On doit y ajouter encore un grand lac au sud-est : le lac Malawi, d'une superficie de 30 000 km 2 partagée entre Tanzanie, Mozambique et Malawi. Les rives de ces lacs sont très densément peuplées, particulièrement le long du lac Victoria (250 habitants au km 2) car leurs eaux sont si poissonneuses qu'elles donnent lieu à une fructueuse (mais parfois trop intensive) activité de pêche.

Le pays au total est formé de plaines littorales à l'est et d'un vaste plateau d'altitude entre deux branches du grand rift africain, l'une le long des lacs, l'autre conduisant au nord-est à des chaînes montagneuses avec un massif volcanique très élevé (point culminant de l'Afrique) prés de la frontière kényane : le mont Kilimandjaro à 5890 m.

Une histoire singulière : aventure « collectiviste » tout d'abord...

L'histoire de la Tanzanie est singulière. Comme le rappelle son nom, elle résulte d'une union récente (post-coloniale), assez exceptionnelle, entre l'ancienne colonie du Tanganyika et le petit archipel de Zanzibar. La ville de Zanzibar et son archipel (de même nom) était un centre commercial très actif : animé par des commerçants arabes il vivait de trafics lucratifs variés (or, ivoire, épices, esclaves jusqu'à la fin du XIXème siècle) avec la côte proche et les côtes arabes, poussant parfois plus loin, jusqu'en Perse, aux Indes ou même en Chine. L'arabe a pendant longtemps été parlé à Zanzibar gouvernée par un sultan. Il a cédé la place au swahili qui est la principale langue de communication dans ce pays où sont parlées de très nombreuses langues, en majorité bantoues. L'anglais est langue officielle, avec le swahili, mais il est peu utilisé comme langue orale, moins présent dans les médias écrits et oraux que le swahili, et il est rare en dehors de Dar es Salaam (nom arabe attribué par un sultan de Zanzibar ; environ 5 millions d'habitants) et de quelques grandes villes. Le swahili est encore assez peu parlé comme langue première, mais il est la langue d'unification du pays. Cela fait de la Tanzanie le seul pays d'Afrique à avoir pour langue d'unification nationale une langue bantoue, même si l'anglais résiste encore bien dans les bastions des grandes entreprises, dans l'enseignement secondaire et supérieur ou dans les administrations.

L'histoire de la Tanzanie a été très marquée par son premier président, Julius Nyerere, qui l'a entraîné dans une aventure collectiviste ardente, plutôt sympathique mais mal maîtrisée, depuis l'indépendance en 1961 jusqu'au tournant des années 80. Ces années ont été marquées par une politique volontariste de collectivisation agricole et d'industrialisation étatique à marche forcée, à coups de fermes-modèles ou d'usines-modèles (dans le textile notamment avec l'appui du grand-frère chinois) qui n'ont pas perduré. Julius Nyerere a eu le grand mérite de savoir tourner la page et de passer la main paisiblement à son vice-président (de Zanzibar), Ali Hassan Mwinyi : il a de ce fait ouvert la voie à une évolution démocratique et pluraliste qui consolidait en même temps l'union avec Zanzibar. Le président actuel, John Magufuli est le cinquième président élu régulièrement, ce qui fait de la Tanzanie une des meilleures références en matière de fonctionnement démocratique et de stabilité politique en Afrique.

L'échec de la voie collectiviste a été parachevé par l'envahissement guerrier absurde du pays par l'Ouganda, dirigé alors par Amin Dada, en 1978. La Tanzanie en est sortie victorieuse mais ruinée et exsangue. Cet épisode a contribué au retournement idéologique du régime.

Les deux mamelles de la Tanzanie aujourd'hui : agriculture et tourisme

Le tourisme s'est considérablement développé. Plus d'un million de touristes viennent visiter le parc du Sirengeti, les flancs (ou le sommet) du majestueux Kilimandjaro, ou la caldeira du Ngorongoro, dans le nord-est du pays. Dans les villes, avant tout à Dar es Salaam et dans ses environs, se développent de très nombreuses activités de services à un rythme rapide : le taux de croissance moyen du Pib tourne autour de 6 à 7 % par an, essentiellement porté par le développement des services et le tourisme. Cette croissance concerne surtout Dar es Salaam et accentue la fracture avec le monde rural.

L'agriculture contribue au quart de la valeur ajoutée et fait vivre les deux tiers de la population. Essentiellement des productions vivrières (manioc, maïs, plantain, riz, sorgho, patate douce, millet), mais aussi une agriculture d'exportation qui essaie de se remettre de l'épisode collectiviste : coton (environ 300 000 tonnes de fibres), café (55 000 tonnes), noix de cajou (200 000 tonnes). Le sisal, dont la production avait atteint 230 000 tonnes au moment de l'indépendance, s'est effondré puis est remonté aux environs de 20 000 tonnes. Zanzibar produit des clous de girofles destinés à l'exportation. L'élevage (bovins, ovins, caprins, volaille) joue un rôle traditionnel important : on est passé de 8 millions de bovins au moment de l'indépendance à 25 millions aujourd'hui, soit une multiplication par 3 mais la population était multipliée par près de 6 pendant ce temps ! Cette insuffisance est compensée par l'intense activité de pêche lacustre qui procure 80 % des besoins en protéines de la population. Le tonnage de poisson pêché (ou élevé) atteint en moyenne 300 000 tonnes pour une valeur de quelque 500 millions de $. C'est donc une activité très importante et plutôt lucrative. Elle donne lieu à des excès (la fameuse « perche du Nil »). Il est aujourd'hui considéré qu'elle ne pourrait augmenter sans mettre en péril les ressources halieutiques. La pisciculture est la seule voie qui reste ouverte.

L'agriculture, familiale et pluviale, est restée très traditionnelle et peu productive. Il est généralement admis qu'elle a un potentiel important très sous-exploité : sur les 40 millions d'hectares de terres arables, seules 5 millions ha sont en culture ; parmi celles-ci 2 millions d'hectares de terres irrigables, dont seulement 1 800 ha sont irrigués.

Deux Tanzanie

Il y a deux Tanzanie : elles n'opposent pas Zanzibar d'un côté et le continent de l'autre contrairement à ce qu'on pourrait penser. Il y a d'un côté Dar es Salaam et sa bande côtière (avec l'archipel de Zanzibar) et de l'autre la Tanzanie rurale. Les statistiques démographiques manifestent sans ambiguïté cette opposition : 3 enfants par femme à Dar es Salaam et Zanzibar (où la transition démographique est déjà bien avancée) contre 6 enfants par femme dans les zones rurales !

L'agriculture constitue finalement une sorte de point aveugle de la politique du pays. Pourtant elle fait vivre les deux tiers de sa population et elle apporte plus de la moitié des recettes de devises : 52 % des exportations en 2015, le second poste étant l'or (22 % des exportations).

En revanche il y a une volonté farouche de développer une industrie manufacturière locale. C'est l'objectif prioritaire du plan quinquennal 2016-2021 ouvert aux investisseurs étrangers et bénéficiant d'un important appui chinois : 200 usines supposées faire travailler 200 000 salariés sont inscrites au programme, ainsi qu'un chemin de fer de 3 500 km reliant Dar es Salaam à toute l'Afrique centrale (Ouganda, Rwanda, Zambie).

Quelle part de ces projets sera réalisée ? On peut se poser la question. Mais ils manifestent la volonté des dirigeants de passer à une phase d'industrialisation du pays, même si l'agriculture est une fois de plus oubliée. Ces dirigeants n'ont pas que des qualités mais ils ne seraient certainement pas inutiles en RDC !

. Ethiopie
Des signes encourageants !

Un très vieux pays d'Afrique, jamais colonisé

Encore un vaste pays (1 127 000 km 2) très peuplé (105 millions d'habitants) en dépit de famines récurrentes. Situé dans la corne de l'Afrique c'est un pays africain singulier.

Tout d'abord il n'a jamais été colonisé, ni mis sous tutelle ou sous un quelconque protectorat. L'Italie avait bien argué, peu après l'accord de dépeçage de 1885 avoir signé un traité de protectorat avec le souverain Ethiopien. Le roi d'Ethiopie n'avait rien voulu savoir : il avait signé un traité de paix, pas l'acceptation d'une mise sous tutelle qu'une traduction italienne tendancieuse lui attribuait… De toute façon les armes avaient parlé quelques années plus tard : la défaite des troupes du roi d'Italie avait enterré l'affaire. Il y eut une nouvelle tentative du temps du Duce (Mussolini) : elle conduisit à une brève occupation italienne entre 1936 et 1941 qui ne laissa guère de traces…

Mais ce n'est pas seulement cette exception a-coloniale qui confère à l'Ethiopie une histoire singulière en Afrique. C'est l'histoire toute entière puisque ce pays était déjà constitué en Etat (monarchique) depuis longtemps lorsque ses souverains décidèrent d'adopter la religion chrétienne (en l'an 330), ce qui en fait un des deux plus anciens pays chrétiens (avec l'Arménie). Il s'agit en vérité d'un des plus vieux Etats du monde. On l'appelait en ancienne Egypte

« Pays de Pount » et il formait dès le 1er siècle avant notre ère un royaume prospère, le royaume d'Aksoum, à la tête de ce qui devait devenir un vaste empire, l'empire d'Ethiopie (ou d'Abyssinie).

Cette unité étatique ancienne ne l'empêche pas d'être constitué d'une mosaïque de peuples et de langues hétérogènes, qui n'en rend pas l'unification facile. Mosaïque suffisamment complexe pour qu'il n'ait pas été possible d'imposer une langue officielle : l'amharique (qui était la langue de la monarchie) a été désigné comme « langue de travail » (mais pas langue officielle) du gouvernement central de cet état fédéral, et toutes les langues du pays (une centaine) sont réputées avoir les mêmes droits… Au Parlement trois langues sont utilisées : l'amharique, l'oromo et le tigrina. Chaque Etat fédéré a la langue officielle de son choix, ce qui en rajoute trois : afar, somali et harari. En pratique les deux langues les plus parlées (par environ 30 % de la population chacune) sont l'amharique et l'oromo. Le fait que la langue de travail, soit l'amharique, lui donne un net avantage. La plupart des médias, oraux ou écrits, sont en amharique, qui a probablement vocation à devenir la langue d'unification du pays. L'anglais joue un rôle de langue d'appoint, dans les rapports avec l'extérieur, bien sûr, mais aussi dans l'enseignement, puisque le système est multilingue (les mêmes six langues des divers Etats fédérés, auxquelles vient s'ajouter l'anglais).

L'unification de ce qui fut un empire n'est donc pas simple et les conflits ethniques ne sont pas rares. Après la déposition du négus en 1974, le pays a connu une dictature militaire dure et sanglante qui a pris fin en 1991. Depuis des institutions démocratiques ont été mises en place et fonctionnent à peu près normalement avec un pouvoir exécutif assez fort, quoique parfois contesté.

Un pays rural de très hauts-plateaux

L'Ethiopie est un pays de montagnes élevées dominant de hauts-plateaux situés entre 2 400 et 3 800 m d'altitude, à l'exception des basses-terres du sud-est. Paysages et climats y sont variés : régions désertiques et semi-désertiques de l'est et du sud, savanes qui les bordent, régions tempérées sub-alpines et alpines partout ailleurs.

C'est avant tout un pays rural. L'agriculture et l'élevage occupent 85 % de la population, apportent 45 % du Pib et procurent un peu plus de 60 % des recettes d'exportation. L'élevage est le plus important d'Afrique (56 millions de bovins, 58 millions d'ovins, 56 millions de volailles). L'agriculture est avant tout de subsistance mais elle est aussi la principale activité exportatrice.

L'Ethiopie est le premier producteur africain (quatrième mondial) d'un café (300 000 tonnes d'arabica pour une valeur de 860 millions de $ en 2017) réputé. L'horticulture (plus récente et avec une forte présence néerlandaise) rapporte aussi beaucoup de devises. Le cheptel concourt aux exportations (à hauteur de 12 %) sous forme d'animaux vivants, de viande ou de cuir. L'apiculture est un petit secteur très dynamique et exportateur.

Les installations hydrauliques, dont le barrage de la Grande Renaissance (6 000 MW à terme) sur le Nil bleu, procurent l'essentiel des ressources électriques.

Le réseau routier est important et plutôt bien entretenu. Le maillon faible qu'était le chemin de fer Djibouti-Addis-Abeba, en très mauvais état, vient d'être entièrement rénové : un très gros prêt de l'Eximbank chinoise (la banque chinoise qui opère dans toute l'Afrique) a permis de reconstruire (redémarrage fin 2017) toute la ligne qui relie Addis-Abeba à son port économique, Djibouti.

De grands projets industriels

Tout est ainsi prêt pour le très ambitieux programme industriel du gouvernement. Lancé depuis plusieurs années, il porte sur un vaste ensemble de « parcs industriels » répartis sur le territoire. Usines de chaussures, de textile, d'habillement, de transformation agro-alimentaire, en constituent la trame principale. Viennent s'y ajouter fonderies, aciéries, cimenteries, fabriques de meubles, etc. Ces installations sont le fait de capitaux privés (bénéficiant d'avantages fiscaux) et d'une très forte présence chinoise (en particulier une usine géante de chaussures, une autre, géante aussi, de confection).

Est donc engagée une véritable politique d'industrialisation du pays visant à tirer profit des faibles coûts de la main-d'œuvre (aux environs de 60 $ mensuels), d'infrastructures énergétique, routière et ferroviaire, rénovées et de la relative stabilité politique du pays. Tout n'est pas parfait : il y a des tensions politiques et ethniques qui donnent lieu à des éclats ici et là ; la qualité de la main-d'œuvre n'est pas toujours au rendez-vous ; des coupures d'électricité peuvent se produire. La logistique laisse encore à désirer. Mais il semble que le programme soit plutôt bien parti et de nombreux investisseurs (avec la force d'entraînement chinoise déjà signalée) disposés à jouer le jeu.

Cette politique volontaire se traduit déjà dans les chiffres : des taux de croissance qui frôlent les deux chiffres (de l'ordre de 10 % ou plus depuis une décennie), ce qui est un record (et un exemple) en Afrique. Il est important de souligner que l'Ethiopie est un des rares pays d'Afrique où la pauvreté a sensiblement et régulièrement reculé au cours des années passées, le taux de pauvreté étant passé des environs de 45 % en 1995 à quelque 30 % aujourd'hui !

Un pays intéressant, intelligent (plutôt bien gouverné), qui semble montrer qu'une vraie politique industrielle, volontaire, persévérante, cohérente, et accompagnée (la

Chine) peut faire entrer un pays dans un processus d'industrialisation et de croissance accélérée.

Un pays africain à suivre de très près dans son cheminement et sa progression…

. Cameroun

Une économie dynamique bridée par la corruption…

Un pays hétérogène et contrasté

Le Cameroun est un pays de taille moyenne (475 000 km2) avec une population de 25 millions d'habitants inégalement répartis (fortes densités au nord et à l'ouest, faibles en allant vers le sud et l'est).

C'est un pays assez varié par sa géographie et par ses climats. Climat tropical au sud, donc chaud (faible amplitude de température entre jour et nuit) et pluvieux, climat équatorial au nord. Ce nord tropical est constitué, en remontant vers le nord, de savanes boisées, de savanes herbeuses, puis de steppes. Le sud comprend des forêts denses, des forêts-galeries, de la mangrove. L'essentiel du pays est constitué de plateaux assez élevés (hauts-plateaux de l'ouest et de l'Amadaoua, plateau du sud camerounais, prolongés par des plaines au nord comme au sud (basses-terres du nord et plaines côtières du sud). Une chaîne de montagnes (« dorsale camerounaise ») traverse le pays d'ouest en est et culmine au mont Cameroun (volcan peu actif) à 4 100 m.

Le pays est aussi varié par le nombre des peuples qui l'habitent et des langues (entre 250 et 300) qu'ils parlent. Il n'y a pas de groupe ethnique dominant. Même en opérant des regroupements, le groupe des Bamilékés (avec les Bamouns) atteint 24 % du total, celui des Fangs (avec les Bétis) quelques 19 %, viennent ensuite les Doualas (15 %) et les Peuls (10 %).

On comprend pourquoi, dans cet ensemble très hétérogène, sans dominante, les langues coloniales (français et anglais) ont été privilégiées. Il en résulte que, paradoxalement, les conflits linguistiques, qui sont réels et peuvent devenir explosifs (au moins pour les anglophones minoritaires : environ 20 %, dominants dans les deux provinces de l'ouest), portent sur les droits respectifs des anglophones et des francophones, plus que sur les droits relatifs des usagers des autres langues, maternelles ou véhiculaires !

Ces querelles n'ont pas trouvé de solutions pour le moment. Elles n'atteignent tout de même pas la violence des attaques récurrentes de la secte Boko Haram dans le nord du pays qui sont un facteur de trouble et d'insécurité permanent.

Cameroon anglophone, Cameroun francophone…

La République Unie du Cameroun est issue de l'union de l'ancienne colonie française du Cameroun et d'une partie du Cameroun anglais qui n'a pas souhaité rejoindre le Nigéria voisin. Le Cameroun est donc un pays officiellement bilingue (2 régions anglophones avec 20 % des habitants, un enseignement en anglais, et 8 régions francophones avec 80 % des habitants et un enseignement en français). Les deux villes principales (Yaoundé, la capitale, et Douala, le grand port maritime), chacune peuplée d'environ 3 millions d'habitants, sont situées dans la partie francophone. Tous les textes officiels sont publiés dans les deux langues et, si la presse de langue française est la plus nombreuse, il y a nombre de publications en langue anglaise. En pratique cependant il est presque indispensable pour un ressortissant de la partie anglophone de parler français, tandis que la réciproque n'est pas vraie : un francophone peut parfaitement se passer de l'anglais. Il faudrait ajouter à ces deux langues de référence l'apparition d'une sorte de langue des jeunes, le « camfranglais » qui est du français mâtiné d'anglais et de vocables de langues africaines. Est aussi utilisé un pidgin anglais spécifiquement camerounais qui est parlé par la moitié des Camerounais et joue une fonction de langue véhiculaire complémentaire.

Un régime semi-dictatorial

Le régime politique n'est pas celui d'une démocratie, même s'il en présente les apparences : des élections, un parlement, une presse apparemment plurielle. C'est un système intermédiaire entre un régime autoritaire et une dictature, plus proche de cette dernière. Le pays n'a connu que deux présidents depuis l'indépendance (1960) : Amadou Ahidjo jusqu'en 1987, ensuite Paul Byia, son ancien Premier ministre, depuis 30 ans donc (et même plus si l'on ajoute la période de primature) !

C'est un régime très stable, ce qui lui a donné quelques avantages au départ, mais lui a apporté aussi, avec le temps, sclérose et corruption. La corruption est très répandue et constitue un véritable obstacle au développement. D'autant plus qu'elle est présente à tous les niveaux. Les routes ne sont pas seulement mal-entretenues : elles donnent lieu à des contrôles administratifs et policiers incessants dont on ne peut s'extraire qu'en contribuant à faciliter l'attente de la fin du mois par des fonctionnaires qui s'estiment mal payés !

Une économie diversifiée

Le Cameroun a une économie assez diversifiée.

C'est d'abord un pays rural et agricole. L'agriculture occupe 62 % des actifs, produit 23 % du Pib et procure 23 % des recettes d'exportation. Agriculture vivrière tout d'abord avec la banane plantain, le maïs, le manioc, le sorgho, le riz, le millet et d'autres productions. Agriculture d'exportation (et de grandes plantations) aussi avec le cacao, la banane-dessert, le coton, le caoutchouc (hévéa) et l'huile de palme, pour l'essentiel.

Le Cameroun est un des grands producteurs de cacao : il avait détrôné (provisoirement) la Côte d'Ivoire pendant la guerre civile ivoirienne. C'est aussi un grand producteur de bananes-dessert, pour lesquelles il talonne encore une fois la Côte d'Ivoire. L'exploitation du bois est très développée : l'exportation de bois, essentiellement sous forme de grumes, représente à peu près 15 % des exportations. La pêche est active le long des 490 km de côtes et produit 65 milles tonnes de poissons, qui ne suffisent pas cependant à nourrir toute la population. L'élevage est en revanche peu développé.

Depuis 1977 on exploite du pétrole dont la vente assure plus de la moitié des recettes d'exportation. Du gaz est venu s'y ajouter par la suite. Mais les réserves (de l'un et de l'autre) sont limitées : c'est un appoint temporaire à utiliser à bon escient.

Une première vague d'industries de substitution d'importations

Dès l'indépendance le pays avait commencé à construire avec une volonté tenace une industrie manufacturière, petite mais assez diversifiée, qui a vécu longtemps à l'abri de protections douanières : une industrie agro-alimentaire variée (boissons, sucrerie, huilerie, minoterie, environ 20 000 personnes au total), une petite industrie vestimentaire (textile, pagnes et fabrication de chaussures) employant quelque 15 000 personnes, des activités de transformation des métaux, de chimie, d'électricité, des cimenteries. Au total, cette industrie légère occupait 90 000 personnes.

La chute du prix du pétrole en 1986, la baisse simultanée du dollar et l'ouverture économique ont fait basculer l'économie camerounaise (y compris son industrie) dans une grave récession. Elle a duré : il lui a fallu presque 10 ans (jusqu'en 1995) pour en sortir.

Mais, après cette première vague d'industries légères de substitution, il n'y a pas eu de nouvel élan vers une vague industrielle prenant le relais : une industrie un peu plus lourde, plus tournée vers l'exportation, valorisant les produits primaires locaux, et cherchant à prendre sa place dans les chaînes de valeur. L'industrie a vivoté tant bien que mal au cours des longues années de récession en perdant peu à peu son importance dans la valeur ajoutée nationale, passant de 20 % aux alentours de 15 %.

La croissance de l'économie camerounaise depuis l'indépendance a donc été irrégulière. Une longue période de croissance initiale rapide (à un rythme moyen de 8 % l'an) entre 1965 et 1985. Une descente aux enfers ensuite pendant des années interminables, marquée par la détérioration des termes de l'échange (prix du pétrole) et la chute du dollar, jusqu'en 1995. Une reprise persistante mais à un rythme ralenti ensuite (jusqu'à aujourd'hui) : autour de 5 % l'an, ce qui n'est pas encore suffisant pour que l'économie camerounaise puisse espérer « émerger ».

Un nouveau programme industriel ambitieux

Les pouvoirs publics en sont conscients. Ils ont élaboré en 2017 un ambitieux « Plan Directeur d'Industrialisation » qui vise une croissance à deux chiffres, une augmentation considérable de la production agricole (doublement de la production de coton, de café et de banane) et une nouvelle phase volontariste d'industrialisation. L'objectif est d'arriver à « l'émergence » en 2035.

Ce programme s'appuie sur un vaste plan de développement des infrastructures : désengorgement du port de Douala, aujourd'hui saturé et création d'un nouveau port en eaux profondes à Kribi (à environ 180 km au sud de Douala), dont une première tranche a déjà été exécutée (2016) ; plusieurs barrages hydrauliques destinés à sortir les usines (et les particuliers) de l'insécurité énergétique (qui handicape l'industrialisation) ; effort amplifié d'entretien et d'amélioration du réseau routier (dont le mauvais état est aussi un handicap tant pour relancer l'industrie que pour désenclaver les productions agricoles).

Les filières industrielles de cette seconde vague sont : la valorisation industrielle des grandes productions primaires (transformation du bois, du coton, du cacao, du café, du sucre, du caoutchouc, du riz) ; la relance d'une filière textile-confection-cuir, d'une filière pharmacie-chimie, d'une filière mines-métallurgie-sidérurgie ; un programme de valorisation des hydrocarbures (raffinage) enfin.

En dehors de la valorisation des ressources primaires, ce projet est encore très marqué par la vague initiale de substitution d'importation. Son ambition est de l'étendre à l'échelle d'un marché plus vaste, celui de la sous-région (golfe de Guinée et Afrique de l'Ouest). Encore faudrait-il que les autres pays n'aient pas tous la même stratégie et que les infrastructures fluviales, maritimes et routières dans ces pays (et entre eux) suivent. Pour le moment l'intégration économique régionale est très limitée. Il y a donc lieu de vérifier que ce programme est suffisamment réaliste.

Un verrou politique

L'autre verrou du développement est la corruption, qui freine toutes les activités (contrats publics, autorisations administratives, transports routiers, etc.) et crée une incertitude (et une insécurité) para-légale permanente pesante et dissuasive. La tâche première du prochain gouvernement devait être de faire sauter ce handicap lourd qui obère durablement le développement de l'économie du pays et l'a conduit, en dépit d'un démarrage rapide et de riches potentialités, à l'ankylose actuelle. Ce ne sera probablement pas l'œuvre du président actuel ou de ses supports. La succession de Paul Biya (aujourd'hui âgé de 84 ans) va être un moment et un enjeu crucial dans les années qui viennent. Les prochaines « élections » présidentielles doivent avoir lieu en 2018 : le Cameroun va-t-il reconduire un vieillard à sa tête (ou l'un de ses séides) ou entrer dans une ère nouvelle ? Il n'est pas facile de sortir d'une longue et interminable dictature impunément !

. Côte d'Ivoire
Après les boums, le boom ?

Une terre d'immigration

Comme le Cameroun la Côte d'Ivoire est un petit pays : par sa superficie (322 000 km2) et par sa population (27 millions d'habitants).

Ce pays est depuis longtemps une terre d'immigration. Les Mandé avaient reflué sur le territoire actuel de la Côte d'Ivoire vers le XIIème siècle, à la suite de la chute de l'empire du Mali. Le groupe ethnique ivoirien majoritaire (les Akan : 42 % de la population) est lui-même arrivé tardivement (par petits groupes à partir du XVème siècle), tandis qu'une grande part du peuplement actuel est d'immigration très récente (Burkina Faso, Mali, Guinée). La part des étrangers dans la population est mal connue : elle est estimée à plus du tiers du total, ce qui est très élevé.

Quatre grands groupes ethniques occupent le territoire : les Akan au sud-est, les Gour au nord-est, les Mandé au nord-ouest, les Krou au sud-ouest. A ces groupes correspondent quatre grandes familles linguistiques, qui se sont diversifiés en dialectes et en langues distinctes. Ainsi le Baoulé est une langue de la famille kwa parlé par 15 % de la population alors que le groupe ethnique correspondant (les Akan) est beaucoup plus nombreux. De cet éclatement résulte que, parmi les pays francophones examinés, la Côte d'Ivoire est celui où la langue française est la plus pratiquée : comme langue véhiculaire mais aussi, de plus en plus, comme langue vernaculaire, tout particulièrement à Abidjan où, sous des formes variées (français populaire ivoirien, nouchi en partie dérivé du dioula), elle est devenue la langue (populaire et passablement créolisée) des Abidjanais.

Un grand pays agricole

Il y a deux grandes zones climatiques : équatoriale au sud (le long des côtes) ; semi-aride au nord. Et, entre les deux une large bande de climat subéquatorial de savane humide. Le nord est musulman (pas loin de 40 %), le sud chrétien (près de la moitié), les 15 à 20 % restant pratiquent des rites ancestraux.

La Côte d'Ivoire est avant tout un grand pays agricole. Agricole par nature : des terres fertiles, des climats et une pluviométrie favorables, des cours d'eau en abondance. Agricole par choix : dès avant l'indépendance le tournant avait été pris et de grandes plantations avaient vu le jour.

Certains pays ont du pétrole, d'autres des minerais, d'autres encore ont des cheptels nombreux. La Côte d'Ivoire a des sols bien arrosés et une tradition agricole bien ancrée. Agriculture de plantation : cacao, café, banane, noix de cajou, coton, caoutchouc (hévéa), palmier, cocotier, etc. Agriculture vivrière : manioc, igname, maïs, banane plantain, riz, légumes, etc. L'agriculture sous toutes ses formes fait vivre les deux tiers de la population, apporte un tiers de la valeur ajoutée nationale et procure 40 % des exportations.

L'agriculture vivrière est pratiquée de façon traditionnelle avec d'assez faibles rendements : manioc, igname, banane plantain, riz et maïs en sont les piliers. L'agriculture de plantation recourt à des méthodes et à des variétés végétales plus élaborées, même si la forme en est plurielle : grandes plantations industrielles et petits planteurs paysans.

Cette spécialisation a fait de la Côte d'Ivoire un grand pays exportateur agricole dans le monde. Premier producteur mondial de cacao, très loin (40 %) devant le Ghana (20 %), il est aussi le premier producteur de noix de cajou (700 mille tonnes) et le troisième exportateur mondial de noix de coco. Il est en tête des exportateurs africains de bananes (vivement concurrencé par le Cameroun). Il est en troisième position pour le coton, qui a été beaucoup développé. La production de caoutchouc, plus modeste, monte en gamme, tandis que celle d'huile de palme a atteint un niveau élevé.

L'économie agricole procure à la Côte d'Ivoire une base très solide mais elle la place aussi dans une situation de dépendance forte : à l'égard des fluctuations des marchés agricoles ; à l'égard des aléas climatiques. Des offices agricoles s'efforcent d'amortir et d'atténuer l'ampleur des mouvements, mais écarts erratiques, fluctuations et faible prévisibilité demeurent le lot ordinaire d'une bonne partie des Ivoiriens.

Chaque année apporte ainsi ses surprises, tantôt bonnes, tantôt mauvaises, aux producteurs ruraux et à l'économie toute entière.

De nouvelles perspectives industrielles…

Les Ivoiriens ne se sont pas contentés de cultiver leurs sols fertiles et arrosés, ils ont diversifié leur économie. Ils ont été parmi les premiers (avec les Sénégalais et les Camerounais) en Afrique francophone à développer une industrie. Elle a pris naissance et s'est développée pendant les années de croissance ultra-rapide après l'indépendance, entre 1960 et 1980 : principalement fondée alors sur l'import-substitution et un début de valorisation de la production agricole. Malheureusement se sont succédé de longues années de crise économique, engendrées par une très forte dégradation des termes de l'échange à partir de la fin des années 80. Les désordres sociaux qui en ont résulté ont engendré une déstabilisation politique marquée de soubresauts et d'à-coups politiques (et un coup d'État militaire) qui ont arrêté un processus bien engagé. Le pays a même été coupé en deux (nord/sud) pendant plusieurs années. Le calme et un début de stabilisation politique ne sont intervenus que depuis 5 ou 6 ans. Ces dernières années sont celles d'un rattrapage avec des taux de croissance approchant les 10 % l'an.

Un programme d'industrialisation a peu à peu vu le jour, pour rénover un appareil de production vieilli et pour donner un nouveau souffle à l'industrie nationale. L'objectif est de passer d'une part de la valeur ajoutée industrielle (essentiellement manufacturière) dans la valeur ajoutée totale de 25 % aujourd'hui (90 000 emplois salariés auxquels il faudrait ajouter les emplois beaucoup plus nombreux des structures informelles de production) à quelque 40 % en quelques années !

Valorisation industrielle des ressources agricoles

Le principal point d'appui de ce nouvel essor industriel est la valorisation des ressources agricoles. Le gouvernement veut transformer la filière cacao en filière chocolat intégrée : beurre de cacao, tourteaux, tablettes de chocolat, label final Côte d'Ivoire, etc. Pour le moment seule une petite part de la production est transformée : l'objectif visé est la totalité pour capter une part beaucoup plus substantielle de la valeur ajoutée de la filière. C'est un objectif raisonnable et certainement payant à terme pour un pays qui fournit à lui seul près de la moitié de la consommation mondiale. La même politique va être engagée pour les autres cultures d'exportation. La noix de cajou est exportée telle quelle : elle va être transformée et conditionnée. La filière textile est invitée à s'organiser dans le même sens (avec le coton local). L'hévéa sera lui aussi transformé avant exportation. Redescendre les chaînes de valeur, récupérer une part beaucoup plus importante de la valeur ajoutée est un programme simple, naturel et à portée du pays, qui dispose d'atouts économiques et d'une position de force pour y parvenir. Aujourd'hui la seule production vraiment intégrée est celle d'huile de palme qui donne lieu à raffinage intégral sur place. Des projets de cette nature, mais plus modestes, visent également l'industrie laitière et celle de la viande.

Le cas de la filière bois est un peu à part. Elle est beaucoup plus intégrée dans sa première phase (scieries, tranchages, placages) mais produit peu de produits finis (meubles). La forêt ivoirienne a été surexploitée sans précaution et sans ménagement. L'objectif est de diminuer l'exploitation quantitative, excessive, au profit de la transformation et de la création d'une véritable industrie du meuble.

Pour des raisons différentes, des projets analogues (transformation industrielle post-récolte) concernent les productions agricoles vivrières. Par exemple le manioc et l'igname. Il s'agit, par des traitements industriels appropriés, de réduire les pertes considérables (entre 10 et 30 % des récoltes) liées au pourrissement et à la détérioration des produits bruts.

Une industrie légère en direction de la sous-région

Les autres activités industrielles ne sont pas en reste : chimie, plasturgie, parapharmacie, cosmétique, travail des métaux. De plus la perspective de lourds travaux d'infrastructures et de construction dans toute la sous-région pousse à développer rapidement les industries de matériaux de construction. Dans toutes ces filières, l'objectif visé est de rebâtir une industrie légère ivoirienne (re)conquérant les marchés de la sous-région (Afrique de l'Ouest), perdus pour partie pendant les décennies de troubles (délocalisations au Ghana ou ailleurs). L'économie ivoirienne est une des rares qui avait pris l'habitude de vendre à ses voisins : 15 % des exportations du pays sont dirigées vers l'Afrique de l'ouest. L'ambition est donc raisonnable, bienvenue et s'appuie sur des circuits déjà amorcés. Elle implique de porter une grande attention aux facteurs de la compétitivité industrielle : salaires, charges, compétences, formation, taux de change, transports et logistique, fiscalité, environnement administratif, sécurité et approvisionnement, énergie.

Des infrastructures à la hauteur ?

S'agissant de la production d'énergie électrique, elle est en plein essor : doublement des deux plus grandes centrales à gaz, achèvement de la construction d'un nouveau barrage hydraulique à Soubré (avec une aide chinoise massive).

Le réseau routier avait été sous-entretenu pendant les longues années de désordre et de troubles. Un programme de réhabilitation est en cours, sur les grands axes, dans les villes aussi : un métro devrait même voir le jour à Abidjan. La sécurité et le respect du droit demandent encore un sérieux renforcement pour que la circulation routière ne soit pas une aventure. La ligne de chemin de fer qui relie Ouagadougou à Abidjan est ancienne et vitale pour le Burkina Faso : elle est vétuste et exige des travaux de rénovation qui vont démarrer en 2018. Ils conduiront à prolonger la ligne déjà longue (1260 km) jusqu'à la ville minière de Kaya au Burkina Faso. Un projet plus ambitieux envisage, à terme une prolongation jusqu'à Niamey au Niger, puis une liaison vers Lomé au Togo et Cotonou au Bénin.

Le port d'Abidjan (prolongé par les quais de San Pedro) est une des pièces maîtresses de l'économie ivoirienne. Il joue aussi un rôle vital et irremplaçable pour les pays voisins enclavés : Burkina Faso, Mali, Niger et Tchad. Il est aujourd'hui le plus important d'Afrique de l'Ouest (devant Lagos et Dakar) et le second de toute l'Afrique (après Durban en Afrique du Sud). Cette fonction confirme la stratégie de pôle d'intégration économique régionale engagée par la Côte d'Ivoire. Elle la rend réaliste, utile et nécessaire pour toute l'Afrique de l'ouest.

On le voit, les grands projets ne manquent pas : ils sont ambitieux mais demeurent réalistes. La petite Côte d'Ivoire pourrait bien être le premier pays d'Afrique à construire une économie solide, équilibrée, basée sur la valorisation industrielle d'activités agricoles prospères d'une part, sur un processus d'intégration économique régionale progressive de l'autre.

L'« émergence » ?

Le gouvernement vise « l'émergence » dans une petite dizaine d'années. Cet objectif n'est pas hors de portée. Sa condition première est une stabilité politique durable. Cette stabilité est assurée pour le moment avec la présidence d'Alassane Ouattara. Elle n'est arrivée qu'avec l'appui des armes et les vieux conflits n'ont pas disparu par miracle. Si la prochaine alternance se passe bien, sans conflit majeur, sans recours aux armes et sans retour de divisions encore douloureuses, la Côte d'Ivoire a des chances très raisonnables de réussir son pari. Le pire ne peut néanmoins être totalement exclu. La préparation d'une relève politique démocratique acceptée est le grand enjeu des années à venir. Les Ivoiriens ont trop souffert de trente années de crise et d'errance pour n'avoir pas une très forte envie d'y parvenir…

. Niger
Un cas paroxystique…

Une situation extrême

Nous avons choisi de regarder le Niger pour 3 raisons :

- parce qu'il paraît judicieux d'examiner un pays de la bande sahélienne
- en raison de sa démographie extravagante : 7,4 enfants par femme, soit le chiffre le plus élevé de la planète à ce jour !
- enfin et surtout parce qu'il s'agit du pays le plus paroxystique de tous : entre désert saharien et steppe sahélienne, avec une petite bande verte au sud ; une économie très pauvre, parmi les plus désolées. Et pourtant cette frénésie démographique étonnante. En somme la forme la plus extrême et la plus détonante des sociétés dont nous cherchons à déchiffrer l'avenir !

Désert au nord, mince bande verte au sud

Le Niger est un pays vaste (1 267 000 km 2), peu peuplé (21 millions d'habitants), situé au carrefour de l'Afrique du Nord (touaregs) et de l'Afrique noire subsaharienne. Du nord au sud on passe d'une immense zone saharienne (65 % du pays) qui reçoit moins de 100 mm de pluie par an, à une zone de steppe aride sahélo-saharienne (12 % de la superficie) où tombe entre 100 et 300 mm de pluie par an ;

puis une zone sahélo-soudanienne (22 % du total) arrosée par 300 à 600 mm de pluie, enfin une étroite bande soudanienne (1 %) reçoit plus de 600 mm par an. L'eau est la question vitale : des oasis et quelques nappes fossiles (donc épuisables) au nord ; des précipitations sans excès et très concentrées (3 mois d'été d'assez fortes précipitations : en une petite dizaine de pluies torrentielles) au sud ; le fleuve Niger à l'ouest (sur un peu plus de 500 km) ; l'extrémité septentrionale du lac Tchad baigne la pointe sud-est.

La partie saharienne est presque vide, la partie sahélo-saharienne est un peu plus peuplée avec une vie nomade et quelques villes (Agadès avec 140 000 habitants, Arlit (uranium), 125 000 habitants, Tchirozérine, 80 000 habitants).

Tout le reste habite la bande soudanienne méridionale, ses campagnes et ses villes : Niamey (1,4 million), la capitale, sur les bords du fleuve Niger, Zinder (300 000 h), Maradi (220 000 h), Tessaoua (180 000 h), Birni N'Koni et Aguié (150 000 h).

Le nord est montagneux et escarpé, sans dépasser les deux mille mètres d'altitude. La vallée du Niger à l'ouest est à 400 m. Le reste est plat ou en pentes douces.

Les régions désertiques, ou semi-désertiques, sont habitées par des touaregs nomades qui accompagnent leurs troupeaux ou se sédentarisent dans les rares villes (Agadès) : environ 10 % des Nigériens. La bande sud est peuplée de Haoussas (55 % du total) au sud, de Djermas (18 %) et de Peuls (10 %) le long du fleuve à l'ouest. Quelques ethnies peu nombreuses (Toubous, Gourmantchaïs) forment le reste. Les langues les plus parlées sont le haoussa et le zarma (par les djermas), suivies de la langue des Touaregs et du peul, à proportion de leurs nombres respectifs. L'extension de l'aire géographique de ces langues est très variée : la langue des Touaregs (le tamazegh) n'est parlée que par 10 % de la population mais sur plus des deux tiers du pays. Le haoussa est parlé par plus de la moitié, mais dans une petite bande méridionale, très peuplée et étroite.

L'enseignement se fait dans les diverses langues « nationales » pendant les premières années, puis glisse vers le français, langue officielle. L'arabe occupe une place un peu à part (enseignement religieux), minoritaire mais croissante dans un pays musulman à 99 %.

Une agriculture de subsistance qui croît sans parvenir à suivre l'évolution démographique

La principale activité de ce pays est l'agriculture (et l'élevage) : 85 % des actifs et 50 % du Pib. Une agriculture de subsistance pour l'essentiel : 3,8 millions de tonnes de mil et 1,5 million de tonnes de sorgho. Des cultures exportées aussi : riz (14 % des exportations du pays), huile de palme (14 %). Les troupeaux de chèvres atteignent 14 millions de têtes, ceux d'ovins : 11 millions, de bovins : 10 millions, de « camelins » : 1,7 million, d'« asins » enfin : 1,6 million.

La production « vendue » est composée à 74 % de produits de la terre (mil : 38 %, oignons : 27 %, niébé : 10 %, sorgho : 8 %) et à 26 % de produits de l'élevage (bovins : 21 %, volaille : 16 %, lait : 15 %, caprins : 13 %).

La production annuelle moyenne de céréales (toutes catégories) a été multipliée par 4,5 entre l'indépendance (1960) et 2015, ce qui est plutôt une bonne nouvelle. Mais pendant ce temps la population était multipliée par près de 6 (de 3,5 millions à 20 millions) ! Au cours de la même période (1961-2015), le nombre des bovins a été multiplié par 3. Ces chiffres sont à prendre avec précaution, mais ils obligent à tirer la sonnette d'alarme : il y a un risque élevé (et même aujourd'hui avéré) que la production alimentaire ne suive pas la croissance démographique. Depuis la fin des années 60, le pays ne vit d'ailleurs plus en autosuffisance alimentaire : il importe une partie de son alimentation et doit compléter en faisant appel à l'aide internationale. Il faut ajouter que la désertification se poursuit, réduisant l'étendue des terres cultivables. Les terres à céréales ont été multipliées par 5 entre 1961 et 2015. Elles sont concentrées dans les zones de pluie estivale (juillet à septembre) et n'ont plus guère d'aires d'extension.

Il est vrai que, entre-temps, la part de la valeur ajoutée agricole dans la production a diminué, passant de 75 % en 1961 à moins de 40 % aujourd'hui. Mais cette baisse est pour partie en trompe-l'œil : l'exploitation des gisements d'uranium d'abord, de pétrole ensuite, en sont l'explication principale.

De l'uranium, un peu de pétrole, mais pas la moindre perspective industrielle

Il est très difficile d'évaluer les activités d'exportation du pays. Les fluctuations des cours de l'uranium-minerai sont telles que sa part dans les exportations varie du tiers aux trois quarts de leur valeur totale (elle-même incertaine, aux alentours d'un milliard de dollars). La part du pétrole dépend aussi de son cours : elle oscille entre un sixième et un quart ! Les exportations de bétail, essentiellement en direction du Nigéria, ne sont pas saisies : on sait qu'elles sont importantes sans être capable de les chiffrer. Les exportations agricoles incluent du riz (cultivé depuis quelque temps à la suite d'aménagements hydrauliques le long du Niger), de l'huile de palme. Vient s'y ajouter de l'or.

Deux des mines d'uranium sont exploitées par Areva, la troisième (la plus récente) par un consortium chinois. Les gisements de pétrole ont été concédés à une entreprise chinoise.

Ce sont les principales activités de type industriel du pays (en ajoutant une raffinerie de pétrole à Zinder).

Les perspectives de développement industriel d'un pays enclavé, sans port, sans chemin de fer, sans ressources énergétiques (l'électricité est importée du Nigéria), sans aucune tradition ni main-d'œuvre techniquement formée, sont très limitées. Un barrage à Kindadji sert, non pas à utiliser l'énergie hydraulique pour produire de l'électricité mais, priorité des priorités, à sécuriser l'approvisionnement en eau de la capitale, Niamey.

La seule activité manufacturière notable est l'industrie et le travail du cuir qui fournit environ 5 % du Pib national.

Les données statistiques sur la population ne permettent pas de suivre avec précision son évolution mais un faisceau d'indices laisse supposer que le pays connaît un mouvement d'émigration vers les pays voisins : Mali, Nigéria, Burkina Faso, Bénin, Côte d'Ivoire.

Quel avenir ?

Il n'est pas facile d'envisager le futur d'un pays semi-aride, sans ressources naturelles, enclavé, brûlant sous le soleil, avec cette démographie galopante que la production agricole n'arrive pas à suivre. Les prévisions démographiques qui lui attribuent 200 millions d'habitants à l'horizon 2100, avec une capitale, Niamey, comptant 56 millions d'habitants, ne sont que des projections démographiques. Elles n'ont aucune chance de se produire par simple prolongation de la situation actuelle. Il n'y aura pas 200 millions d'habitants au Niger (et 56 à Niamey) en 2100. En revanche il faut s'attendre à un puissant mouvement migratoire : vers le sud (les pays vers lesquels elle a déjà commencé), puis vers le nord (France et Europe).

Le cas (paroxystique) du Niger illustre ainsi une situation sans issue : la seule « issue » est le départ, volontaire ou forcé, d'une part importante de ceux qui y naîtront dans les décennies à venir.

Subsistent néanmoins une grande interrogation et un vrai doute. Les pronostics sur les effets du changement climatique en cours sont en effet totalement contradictoires.

Pour les uns (majoritaires), la situation ne va faire qu'empirer : surchauffe des températures (pour 2 degrés moyens de plus sur la planète, il y aurait 3 degrés de plus dans la zone sahélienne), sécheresse et diminution des potentialités agricoles. C'est un scénario-catastrophe qu'il faut alors envisager (et préparer).

Pour d'autres (minoritaires), la situation va évoluer de façon plus favorable : l'évaporation océanique et la réorientation (présumée) des vents en direction de l'intérieur sahélien apporteraient de fortes pluies orageuses (type mousson). Il y aurait beaucoup plus d'eau, y compris dans le nord, mais encore plus irrégulière et plus violente. Au total tout de même, à condition de savoir s'y adapter, une chance à saisir et l'espoir d'une renaissance…

. Kenya
Savanes, safaris, géothermie et… numérique

Un pays de vastes savanes au peuplement mélangé

Le Kenya est un pays de taille moyenne (580 000 km 2) peuplé de quelque 48 millions d'habitants. Il monte en pente douce depuis l'est côtier (540 km sur l'océan indien) jusqu'aux monts Aberdare, puis redescend en direction du nord et de l'ouest. Le mont Kenya, qui a donné son nom au pays, est un volcan éteint qui culmine à 5 200 m d'altitude. Savane humide au sud-est, forêt à l'ouest, pluies de plus en plus faibles en remontant vers le nord : savane herbeuse, puis semi-aride et enfin désertique. Les hauts-plateaux du centre connaissent un climat tempéré : Nairobi, la capitale (4 millions d'habitants), est à 1 700 m d'altitude.

Le peuplement est mélangé et complexe, formé de nombreux groupes ethno-linguistiques, ce qui ne facilite pas l'unification du pays. L'ethnie la plus nombreuse, les Kikuyus, représente 21 % du total, suivie des Luyia (14 %), puis des Luo (12 %). Deux langues ont été privilégiées : l'anglais, langue coloniale, et le swahili, langue uniquement véhiculaire (il n'est la langue maternelle de personne). L'enseignement se fait essentiellement dans ces deux langues, avec un biais croissant en faveur de l'anglais, au fur et à mesure qu'on progresse dans ses études. Les deux langues sont considérées comme officielles, mais l'une, l'anglais, est beaucoup plus officielle que l'autre. Le Kenya se trouve dans une situation parallèle à la Tanzanie voisine, mais inversée. En Tanzanie le swahili devient la langue d'unification du pays, au Kenya le swahili est une des deux langues véhiculaires de la capitale et de la grande ville portuaire (Mombasa : 1,3 million d'habitants). Mais il ne joue pas le même rôle qu'en Tanzanie : il a plus tendance à être évincé par l'anglais que l'inverse.

Une indépendance chèrement arrachée

Contrairement à ce qui s'est passé dans la plupart des pays d'Afrique, où la transition vers les indépendances s'est faite de manière pacifique, le Kenya a été marqué par des luttes sanglantes contre la puissance coloniale (le Royaume-Uni) qui ont fait beaucoup de victimes (des centaines de milliers). L'indépendance n'a été proclamée qu'en décembre 1963, au terme de longs conflits : le premier président, Jomo Kenyatta, a été sorti de prison pour devenir président de la nouvelle république du Kenya. Il s'en est suivi une longue période d'instabilité, de troubles et d'assassinats politiques. Le calme est revenu avec la mise en place d'institutions démocratiques, assez bien respectées dans l'ensemble. Le président actuel, récemment réélu (proclamé en octobre 2017, après de fortes contestations), Uhuru Kenyatta, est le fils du premier président (Jomo Kenyatta).

Une agriculture active mais aléatoire, une industrie presque absente

L'agriculture occupe 70 % de la population, produit près de 40 % du Pib national et procure environ 56 % des recettes d'exportation. Pourtant la superficie cultivée est faible : environ 10 % de la superficie totale. Il faut préciser que 80 % du pays est constitué de sols arides ou semi-arides. Le Kenya est sujet à une insécurité alimentaire considérée comme « structurelle » en raison de sa très forte sensibilité aux aléas climatiques. Il y a eu de grands et douloureux épisodes de famine, et il est craint qu'ils ne se reproduisent.

L'agriculture est largement consacrée aux cultures vivrières. Céréales : maïs en premier lieu (3,5 millions de t), mais aussi blé, sorgho, mil, riz. Légumineuses : 3,9 millions de t. Tubercules : 3,2 millions de t, essentiellement pommes de terre, manioc et patate douce.

L'économie pastorale est très développée : 18 millions de bovins, 1,9 million d'ânes, 43 millions d'ovins, 2,9 millions de chameaux. La filière animale contribue à près de 10 % du Pib et fait vivre environ 1,8 million de personnes (activités induites, commercial et transport, incluses).

La pêche est aussi très active : 170 000 t de poissons sont péchés (dont une petite partie sont élevés) soit le long des côtes, soit dans les nombreux lacs encastrés dans les reliefs du pays : une petite partie du lac Victoria, déjà rencontré (cf Tanzanie) partagé avec la Tanzanie au sud et l'Ouganda à l'ouest, lac Turkana (6 400 km2, 300 km de long, mais peu profond, 30 m en moyenne) situé à l'extrême nord du pays, et une multitude de lacs plus petits utilisés pour la pèche.

Il y a trois grandes filières d'agriculture « de plantation » (petites ou grandes) :

La filière thé (450 mille t annuelles) : le thé est le premier produit d'exportation et rapporte environ 1,1 milliard d'euros.

Une filière horticole, beaucoup plus récente : elle s'est très bien développée. Elle est devenue la seconde activité exportatrice, fondée en particulier sur la « rosiculture » de contre-saison (en hiver) qui suppose une logistique très sûre et bien rôdée. Elle fait vivre 120 000 personnes en emplois directs (10 % de l'emploi formel) et 500 000 en emplois indirects.

Une filière sucre, à partir de canne à sucre, permet de couvrir une grande partie des besoins en sucre du pays.

Prolonge ces filières agricoles une industrie agro-alimentaire assez fournie : transformation des céréales, jus de fruits, sucre, produits laitiers, huiles raffinées, bières, etc. Elle contribue à 3,2 % du Pib, 2,4 % de l'emploi formel, et 8,5 % des exportations.

Le reste de l'industrie est pratiquement absent. Il n'y a pas d'activité minière ni d'industrie extractive. Les 1000 véhicules que le groupe PSA assemble à Nairobi ne sont certainement pas le début d'une future grande industrie automobile au Kenya…

Incubateurs numériques et géo-thermie

En revanche, des centres d'excellence et des incubateurs de lancement d'activités numériques ont été créés. La Silicon Savannah (ou « silicone savane »), adossée aux centres de recherche universitaires, est le premier « i-hub » africain par le nombre des start-ups et des emplois-jeunes (forcément) qui s'y développent dans un désordre tonique. En particulier le programme Ajira (« emploi » en swahili). On y développe des logiciels et toutes sortes de télé-travaux en ligne. Selon des estimations d'origine privée la contribution du numérique au Pib national serait de 3,2 % pour la France et de 3,1 % pour le Kenya !

Il y a dans ces activités une carte à jouer : elle présente l'avantage de ne pas exiger de lourds investissements préalables et de situer d'emblée le pays dans la concurrence mondiale de haute technicité. A condition de former en nombre élevé des cerveaux préparés à ce type d'activités.

Une autre singularité du Kenya est sa production énergétique fondée principalement sur la géothermie. A l'heure actuelle, la moitié (50 %) de l'électricité consommée est produite par des installations géothermiques, le reste par des barrages hydrauliques (36 %) ou par des équipements thermiques (14 %). Le gouvernement a l'intention de poursuivre dans cette direction et de continuer à multiplier les équipements géothermiques.

Un réseau de transports terrestres entretenu

Le Kenya possède un des réseaux routiers les mieux entretenus : 64 000 km de routes « classées », dont 70 % en bon état, et 9 300 km de routes asphaltées. Le grand axe du pays est celui qui relie la capitale Nairobi au grand port de Mombasa. Outre la route, une voie ferrée assure cette liaison. Un chemin de fer vieillot et poussif reliait les deux villes jusqu'à présent en près de 20 heures. Les pouvoirs publics ont rénové entièrement la ligne et les équipements de transport avec l'aide chinoise (une fois de plus !). Elle vient d'être inaugurée par le président Uhuru Kenyatta (premier septembre 2017). La liaison ferroviaire Mombasa-Nairobi demande désormais 4 heures !

Une industrie touristique prospère

Le pays est beau. Tout le monde connaît les magnifiques paysages de savane herbeuse, délicieusement arborée, du Kenya : et les safaris bien organisés et réputés qui permettent de les parcourir, en allant de « lodge » en lodge ! Sans compter l'ascension du mont Kenya.

L'industrie du Kenya est d'abord l'industrie touristique : elle fait vivre un très grand nombre de personnes (entre 9 et 10 % des emplois formels) et rapporte un montant élevé de devises (entre 700 et 800 millions d'euros) à un pays qui en a grand besoin pour rééquilibrer une balance commerciale très déficitaire.

Le Kenya manque de ressources du sous-sol mais il ne manque pas de projets, on le voit : souvent plus originaux que ceux des autres pays du continent ! La croissance économique est de ce fait rapide : plus de 6 % par an. Pas suffisamment pour éponger la montée du chômage des jeunes. Il va falloir pousser les feux d'une industrie encore peu diversifiée !

. Sénégal

Quelle nouvelle phase d'industrialisation ?

Une colonie avant les colonies : les quatre communes…

Le royaume de France a eu des « comptoirs » dans ce qui allait devenir le Sénégal bien avant le 19ième siècle et la conférence de Berlin. Dès 1659 il avait commencé à installer des relais sur la côte à Saint-Louis, ainsi nommée en l'honneur de l'illustre ascendant de Louis XIV ; dans l'île de Gorée, sinistre lieu de départ du trafic d'esclaves vers l'Amérique ; à Dakar et à Rufisque. Ces comptoirs allaient devenir les « quatre communes », considérées comme des petits bouts de France (mêmes droits, mêmes devoirs) en terre africaine. L'ensemble jouxtait ce qui restait d'un ancien empire oualof (ou wolof) qui avait atteint son apogée au 14ième siècle. Après la conférence de Berlin le reste du Sénégal fût conquis et vint compléter les quatre communes d'un côté, l'Afrique occidentale de l'autre dont Saint-Louis, puis Dakar, devint tout naturellement (en vertu de l'ancienneté de l'implantation française) la capitale. Pour ces raisons historiques, il y avait deux statuts : citoyens français dans les quatre communes (avec un député au parlement français), « indigènes » ailleurs !

Un pays de steppes avec aussi des forêts humides

Le Sénégal est un petit pays par l'étendue (197 000 km 2) et par la population (13 millions d'habitants). Le nord, bordé par le fleuve Sénégal et la Mauritanie, a un climat de type désertique, qui évolue rapidement, en descendant vers le sud, pour devenir tropical humide. On passe ainsi de steppes semi-arides à des savanes sèches de plus en plus arborées (baobabs, acacias, fromagers) jusqu'aux forêts très humides de la Casamance à l'extrême sud du pays, près des frontières guinéennes (Guinée-Bissau et Guinée-Conakry). Une longue et absurde échancrure (autour du fleuve Gambie) descend du massif du Fouta Djalon en Guinée. Ayant donné naissance à un pays minuscule (la Gambie), elle coupe pratiquement le pays en deux : Casamance au sud à part, reste du Sénégal au nord et à l'est. Le pays est principalement plat, en très légère déclivité d'est en ouest.

Le même imbroglio ethnique qu'ailleurs, mais une forte majorité musulmane

De nombreuses ethnies peuplent le Sénégal. Les trois principales sont les wolofs (38 %), les Peuls (26 %) et les Sérères (15 %). La langue officielle est le français, mais la langue la plus parlée est le wolof, langue véhiculaire de Dakar, compris et parlé par 70 % de la population. Il y a six langues « nationales » : wolof, sérère, peul, mandingue, soninké et diola. L'enseignement, généralement considéré comme de qualité, se fait en français. C'est un pays à très forte dominante musulmane (95 %, le reste catholique), mais de façon récente (et plutôt tolérante) puisque le processus d'islamisation s'est produit principalement au cours du 19ième siècle. Le multipartisme est de règle depuis 1976 : les institutions démocratiques (régime présidentiel proche du système français) sont respectées et fonctionnent bien avec une alternance régulière depuis le départ de Léopold Senghor, remplacé alors par Abdou Diouf.

Une agriculture pauvre

L'agriculture occupe 55 % de la population mais ne contribue que pour environ 10 % au Pib. Les principales productions vivrières sont : mil, sorgho, riz (en Casamance), arachide (autrefois principal produit d'exportation), horticulture et maraîchers (très développés).

L'élevage est important : 4,4 millions d'ovins, 4 millions de caprins, 3 millions de bovins, 23 millions de volailles.

Une industrie précoce mais insuffisamment compétitive et stationnaire

Le Sénégal a connu très tôt un processus d'industrialisation (de substitution d'importations) qui l'a placé en tête des pays francophones lors des indépendances. Cette industrie a poursuivi le même type de développement après l'indépendance. Industries agro-alimentaires importantes : arachide, yaourts, biscuits, conserves, farines, huiles, vinaigre, moutarde, concentré de tomate, pâtes, industrie sucrière ; boissons, cigarettes. Industrie légère de substitution assez variée : piles et batteries, cahiers, stylos, allumettes, lessives, meubles, plasturgie, textiles, confection, matelas, cimenteries, raffineries, produits pharmaceutiques, etc. La valeur ajoutée industrielle représente environ 25 % de la valeur ajoutée totale. L'industrie apporte 15 % de l'emploi (formel) total. Ce n'est donc pas négligeable.

Ces activités ont été créées le plus souvent par de grands groupes industriels (Coca Cola, Nestlé, Colgate, Marlboro, Peter Stuyvesant, Maggi, Total, Grands moulins de Dakar, etc.) soucieux de prendre des parts de marché, locales ou régionales, en s'installant dans un pays doté d'institutions politiques stables.

Elles souffrent cependant d'un manque de compétitivité qu'on peut relier à deux causes : des coûts énergétiques élevés ; des marchés trop étroits. Le réseau routier est en revanche considéré comme plutôt bon, bien entretenu et sécurisé, du moins dans l'ouest du pays.

Les coûts énergétiques très élevés sont la conséquence d'une absence de ressources locales spécifiques. Des centrales thermiques à charbon ou à gaz (importés) fournissent l'essentiel : elles sont anciennes et fréquemment défaillantes. Les coûts sont élevés et les délestages les rendent insupportables. Le gouvernement a pris conscience de ce handicap : il a lancé un programme lourd d'équipements solaires ou éoliens. Ce programme est en cours : il devrait, selon les estimations annoncées, diviser par deux les coûts de l'énergie industrielle et améliorer l'accès au réseau des villes et des villages.

La faiblesse de la population sénégalaise et des marchés de consommation ne permet par ailleurs guère de bénéficier de rendements d'échelle propres aux activités industrielles. On peut espérer que la baisse entrevue de l'approvisionnement énergétique, en améliorant la compétitivité des installations industrielles, ouvre des marchés moins étroits dans la sous-région.

De grandes ambitions

Un ambitieux programme a été élaboré : Plan Sénégal Emergent (ou PSE). Il vise à étendre de façon considérable et à améliorer l'ensemble des infrastructures du pays. Il comporte également un volet spécifique en direction du numérique.

Les activités numériques sont déjà très présentes au Sénégal : de l'ordre de 5 à 6 % du Pib. Le plan PSE vise à les faire passer à 10 % à un horizon rapproché : 2025. Elles apportent près de 20 000 emplois directs en 2015. L'objectif est de les porter à 35 000 emplois directs en 2025.

Au total la croissance économique caracole entre 6,5 et 7 % depuis plusieurs années. Si les grands travaux du plan d'émergence (PSE) portent leurs fruits, ce trend ne devrait pas diminuer et le Sénégal pourrait se rapprocher de taux à deux chiffres.

Cependant, au Sénégal comme dans plusieurs pays semblables, on voit qu'on est arrivé au terme d'une première vague ancienne d'industrialisation, la substitution d'importation. Se pose aujourd'hui la question de la vague suivante. Sur quoi doit-elle reposer, comment trouver une place dans les grandes chaînes de valeur au niveau mondial ? Selon quelle logique concrète préparer et construire cette nouvelle phase d'industrialisation ? C'est de la réponse à cette question que dépendra l'« émergence » voulue et attendue dans la prochaine décennie.

Conclusion : monter dans le train ?

Ce voyage en Afrique a-t-il été agréable ? Je l'espère. Il change tout de même des voyages à Bruxelles ! Etait-il superflu ? Ce n'est pas à moi d'en juger. Il montre à suffisance, me semble-t-il, que beaucoup de choses qui nous concernent de très près (et plus encore nos enfants) vont se jouer dans ce continent voisin.

L'Afrique est en plein réveil, même si c'est de façon inégale. Elle ne peut se contenter d'augmenter (un peu ou beaucoup) sa production végétale et animale pour nourrir (beaucoup) plus d'hommes. Ni d'exporter ses ressources naturelles (épuisables) en important tout le reste. Son industrialisation est maintenant un passage nécessaire : pour améliorer le niveau de vie et le bien-être de ses habitants, pour créer les conditions d'une indispensable transition démographique.

Tous les pays d'Afrique n'ont pas la même propension à s'industrialiser, ni la même vocation à y parvenir. Mais une part non négligeable d'entre eux sont aujourd'hui mûrs pour le faire. Pas de la même façon. Remontée (ou descente) des chaînes de valeur pour les uns, valorisation industrielle des filières agricoles (et minières) en premier lieu. Vastes plateformes industrielles visant à tirer parti de salaires faibles (aujourd'hui inférieurs à ceux de la Chine) pour les autres. Constitution de classes moyennes ouvrant un marché à des industries légères de biens de consommation, dans des espaces économiques régionaux dépassant des cadres nationaux trop étroits. La montée en gamme technologique, pour grimper dans les chaînes de valeur, n'est certainement pas pour tout de suite, mais il est utile et possible de poser des jalons ici ou là.

La mise en place d'infrastructures fiables, durables et à l'échelle de ces transformations est un premier impératif : absolu. Il faut faire sauter ce verrou qui entrave tout. L'approvisionnement énergétique (et en matières premières), la logistique, la continuité de la production et de son transport, la sécurité, l'extension et l'entretien des voies terrestres, des installations portuaires (et aéroportuaires) doivent pouvoir être assurés et garantis. Cela suppose de grands travaux, lourds et une stabilisation politique qui n'est pas toujours au rendez-vous ou acquise durablement.

Certains pays sont plus avancés ou ont une vocation plus affirmée que d'autres pour y parvenir. Un pays comme la Côte d'Ivoire (avec l'atout de son grand port d'Abidjan et de sa puissante agriculture) est bien (re)parti, avec ses nombreux projets de valorisation des filières agricoles et de conquête des marchés régionaux. Le Cameroun pourrait la talonner, comme il l'a toujours fait, s'il parvient à maîtriser sa prochaine transition politique et à faire reculer la corruption. D'autres pays sont aussi en train de prendre leur envol : l'Ethiopie par exemple a fait un effort persévérant pour se doter, année après année, des infrastructures nécessaires (avec l'appui intéressé et zélé de la Chine) et s'est maintenant lancée dans un vaste programme de développement de plateformes industrielles (avec l'aide, une fois de plus, de la Chine).

La Côte d'Ivoire et l'Ethiopie sont parmi les mieux prêts et les plus avancés parmi les pays que nous avons examinés. L'île Maurice est déjà très engagée dans une mutation qui s'est avérée bénéfique. Mais c'est un tout petit pays insulaire. Le Nigéria apparaît par contraste comme un géant : il a vocation à jouer un rôle moteur et à tirer ses voisins (et beaucoup d'autres) dans son sillage mais, pour cela, il lui faut mettre en place une véritable politique productive et faire des choix industriels plus habiles, plus lucides et plus cohérents.

La question politique est première. Il n'y aura pas d'industrialisation sans politique visant à la favoriser, d'industrialisation sans projets et sans les grandes options qui la permettent, l'accompagnent et lui donnent du sens. Il n'y aura pas non plus d'industrialisation sans politique d'aménagement et d'édification des grandes infrastructures (énergie, eau, transport) dans la durée et la continuité.

Cela suppose des dirigeants politiques capables de vision, de volonté et de persévérance. C'est encore trop souvent un point faible : soit qu'ils en soient incapables ou trop occupés à se remplir les poches (comme en République démocratique du Congo), soit qu'ils soient insuffisamment compétents (comme au Nigéria), soit qu'ils soient figés ou corrompus (comme au Cameroun), soit que leur stabilité ne soit pas encore suffisamment assurée. La Côte d'Ivoire, qui a connu des décennies de troubles semble s'être réengagée sur la bonne voie. Il n'est pas impossible que la Tanzanie ait commencé à se mettre aussi en mouvement dans la bonne direction. Les dirigeants éthiopiens donnent le sentiment d'avoir pris la mesure des conditions à réunir. Ils l'ont fait en s'appuyant fortement (trop ?) sur la coopération chinoise et ont mis en place un lourd programme d'investissements pour s'équiper en infrastructures de base indispensables : ils semblent en passe de réussir leur pari (toujours avec l'aide des mêmes Chinois).

Les conditions commencent à être rassemblées pour une industrialisation rapide des économies africaines (de certaines d'entre elles, pour le moment) : à condition de donner la priorité aux infrastructures de base et à leur bon fonctionnement. Cette industrialisation n'est pas seulement possible et souhaitable : elle est nécessaire afin d'éviter un divorce dramatique entre économie et démographie et d'améliorer enfin le bien-être de populations encore trop souvent dans la misère.

Le train économique de l'Afrique est en train de partir. Il va progresser à une allure irrégulière avec des arrêts intempestifs, des redémarrages brutaux et quelques déraillements. Mais il y a des infrastructures lourdes à construire, des industries à bâtir et des pays à soutenir dans leur effort.

La part des marchés africains alimentés par les exportations françaises était de quelque 10 % il y a quinze ans. Elle est aujourd'hui de 4 %. Entre-temps la part de la Chine est passée à 22 %.

N'est-il pas temps de remonter dans le train ?

Appendice 1
Babel africaine : le grand brassage des langues

Les langues coloniales : un cadeau empoisonné

Les pays colonisateurs, France, Royaume-Uni, Portugal, Belgique, Espagne dans une moindre mesure, Allemagne à titre de souvenir, ont occupé les pays qu'ils s'étaient répartis pendant environ trois quarts de siècle : en gros de 1885 (conférence de Berlin) à 1960 (année approximative des indépendances). Ce n'est pas bien long mais ça a changé beaucoup de choses…

Lorsqu'ils sont « partis », ils ont laissé des pays qui n'en étaient pas. Assemblage de peuples et d'ethnies le plus souvent très hétéroclites sans véritable culture ni traditions communes. La première grande difficulté qu'ont eue à affronter ces pays tout neufs (en apparence) a été de répondre à la question : dans quelle langue allons-nous nous parler ?

La langue des colonisateurs était là. Parlée par très peu de monde, quelques « élites » qui avaient été sur les bancs de l'école des « blancs », elle présentait néanmoins un gros avantage, celui d'être écrite et d'être préparée à tous les usages administratifs et législatifs des nouveaux gouvernants. Elle était là, disponible et rompue à ces usages. Elles bénéficiaient en outre du prestige du pouvoir et de la modernité. Les nouvelles équipes dirigeantes s'en sont servis tout naturellement.

Lorsqu'ils ont voulu scolariser leurs concitoyens, ils l'ont fait spontanément dans la langue qu'ils utilisaient dans l'exercice de leur pouvoir, dans la langue aussi qui était en général la seule à disposer d'un corps enseignant restreint mais prêt et expérimenté, ainsi que de manuels déjà rédigés. Les choix alternatifs (une ou d'autres langues) n'étaient pas prêts et demandaient du temps, une préparation diligente, du matériel, une volonté politique affirmée et persévérante.

Le choix d'une langue commune (autre que la langue coloniale), langue officielle ou/et langue de scolarisation, s'avéra vite un casse-tête et un puissant facteur de division : pourquoi privilégier telle langue plutôt que telle autre, pourquoi favoriser telle ethnie plutôt que telle autre ?

Les nouvelles classes dirigeantes, ne parvenant pas à se mettre d'accord sur un choix aussi délicat, eurent tendance à remettre à plus tard une décision difficile qui attisait discorde et conflits. Plus tard est souvent (mais pas toujours) devenu : beaucoup plus tard, voire jamais !

Il y eut cependant quelques rares exceptions au démarrage.

Dans les anciennes colonies françaises, la Guinée de Sékou Touré refusa de rejoindre la nouvelle organisation commune des Etats africains et malgache. Sékou Touré décida de lancer un enseignement dans les principales langues du pays : malinké, soussou, peul, kissi, basari, koniagi, k'pellé. Il fallut inventer à la hâte un alphabet guinéen commun à toutes ces langues, puis rédiger et imprimer des manuels, enfin former des enseignants dans chacune de ces langues. Ce projet fut loué, admiré, considéré comme un bel exemple courageux, suivi et scruté de très près dans les capitales africaines.

Hélas, tout fut fait trop vite, de façon improvisée, sans moyens, sans ligne directrice claire et outillée, sans personnel compétent en nombre et en qualité. L'échec fût à peu près complet et d'autant plus marqué que le président Sékou Touré exigeait que tous les enfants du pays, des villes jusqu'au fond des forêts, fussent scolarisés et alphabétisés : les effectifs des classes dépassaient fréquemment les 200 élèves !

A la mort de Sékou Touré, on fit machine arrière sans état d'âme et on revint à la solution simple consistant à utiliser le français, toujours disponible, comme langue d'enseignement.

Dans les anciennes colonies britanniques, le Ghana, sous la conduite du prestigieux président N'Kruma, avait décidé aussi de choisir une langue africaine comme langue commune et langue d'enseignement destinée à unifier le pays. La situation était plus favorable qu'en Guinée : il y avait une langue dominante, l'akan (qu'on retrouve en Côte d'Ivoire, où il est la langue la plus parlée). Les débats durèrent, s'éternisèrent : il n'y eut jamais d'accord pour désigner l'akan, pourtant majoritaire et ayant tendance à devenir une lingua franca, comme langue du pays. En attendant, l'anglais demeura et s'installa, par défaut.

Partout l'ancienne langue coloniale demeura et s'étendit, moins par choix délibéré et volontaire que par défaut, devant la très grande difficulté (politique) de parvenir à s'accorder sur un autre choix, plus national.

Ainsi sont nées ces entités imprévues un peu étranges : une Afrique anglophone (25 pays), une Afrique francophone (21 à 25 pays, dont quelques doubles comptes avec l'Afrique anglophone et arabophone) et une Afrique lusophone (4 pays). Auxquelles il convient d'ajouter une Afrique arabophone dans le nord et l'est du continent (8 pays).

Des situations très variées

Ces dénominations à coups-de-serpe (« x-phone ») recouvrent en réalité des situations inégales et très variées.

Certains de ces pays ont une véritable langue commune, « nationale », qui est également langue officielle et langue d'enseignement : par exemple Madagascar avec le malgache, le Rwanda avec le kinyarwanda, le Burundi avec le kirundi (très proche du kinyarwanda). La langue de l'ancien pays colonisateur y joue un rôle de langue officielle formelle, de langue complémentaire de culture et de mise en relation avec le reste du monde. Elle n'a pas vocation à prendre la place d'une langue commune déjà présente et parlée par tous (contrairement à l'ancienne langue coloniale).

Dans d'autres pays, la langue de l'ancienne puissance coloniale a tendance à occuper une part croissante de l'espace des échanges linguistiques : surtout lorsqu'elle devient langue véhiculaire de la capitale. C'est le cas du portugais en Angola (à Luanda), du français au Gabon (à Libreville) ou encore en Côte d'Ivoire (à Abidjan). C'est aussi le cas du Libéria, pour des raisons très différentes liées à l'histoire singulière de la fondation de ce pays : l'anglais qu'on y parle est de l'anglais américain.

Mais, dans la plupart des pays, la situation linguistique est très complexe et assez largement imprévisible. Les Africains sont habitués depuis longtemps au pluralisme linguistique : ce n'est pas pour eux une situation extraordinaire ou anormale : c'est leur expérience de chaque jour ! La plupart parlent plusieurs langues dans la même journée selon qu'ils sont en famille, au marché, au travail, dans la rue, en ville, à la campagne, etc. Ce qui paraît à un Européen une situation atypique, voire inimaginable (le passage incessant d'une langue à l'autre), est leur pain quotidien. A Kinshasa, comme on l'a déjà vu, la langue véhiculaire la plus utilisée est le lingala. Mais toutes les enseignes (ou presque) et la plupart des panneaux publicitaires sont rédigés en français, de même que les journaux. La radio et la télévision sont un peu plus mixtes. Tout ce qui est officiel est exprimé ou rédigé dans cette langue. Dire que Kinshasa, agglomération de 13 millions d'habitants, est la plus grande ville de langue française, est excessif et ne rend pas compte de la vie quotidienne de la ville : ce n'est pas dans cette langue que les Kinois s'expriment le plus spontanément, le plus fréquemment ou le plus volontiers. Cependant ils s'intitulent sans hésiter « Kinois » (en français) et savent tous (ou presque) suffisamment de français pour le comprendre assez bien, se débrouiller dans cette langue, que ce soit avec des Congolais d'autres régions qui ne parlent pas lingala ou dans les nombreuses situations administratives ou commerciales exigeant de recourir au français.

Les catégories anglophone, francophone, lusophone, arabophone, rendent très mal compte de la complexité des configurations linguistiques réelles de la vie quotidienne. Elles ne permettent pas non plus de percevoir les évolutions en cours. Par exemple le lingala n'était pas la langue initiale de la ville de Kinshasa. Les langues parlées localement étaient celles des deux principales ethnies présentes (kongo et téké) : le kikongo et le kitéké. Avec l'extension très rapide de la ville, ce n'est pas la langue des villageois qui s'est répandue : la langue véhiculaire du fleuve Congo (le lingala) est devenue assez naturellement la langue véhiculaire de la ville. Elle a évincé le kikongo et le kitéké, qui sont demeurées dans les campagnes et dans l'arrière-pays, mais sont largement dominées dans la capitale. Le français, étrangement, n'est pas postérieur au lingala à Kinshasa : il s'est installé à la faveur de la colonisation (et de la fondation de Léopoldville), tandis que le lingala s'est véritablement répandu après la décolonisation.

Il faut ajouter que le lingala de Kinshasa évolue très vite au contact du français et des autres langues parlées localement. Il incorpore en particulier énormément de lexique français qui devient indistinct du lingala nouveau (« néo-lingala » ?).

L'Afrique est aujourd'hui, moins un champ fermé (les anglophones, les francophones, les lusophones, les arabophones), qu'un immense chantier linguistique très actif, extrêmement ouvert et résolument créatif.

Plurilinguisme ordinaire

Une situation très fréquente est la suivante : un jeune Africain connaît la langue de son père, celle de sa mère (lorsqu'elle n'est pas la même), la langue véhiculaire de sa région (il peut y en avoir plusieurs) et enfin, de façon variable, la langue coloniale de son pays. Cela fait un minimum de 3 langues (famille, véhiculaire régionale, officielle) et un maximum fréquent de 4 ou 5. La plupart s'accommodent de cette situation. Ils ont une tendance marquée à délaisser la langue de leurs parents, d'usage très limité et insuffisamment prestigieux, au profit de la langue véhiculaire régionale et, complémentairement, de l'ancienne langue coloniale devenue langue officielle et d'enseignement. La langue des parents est sur le chemin du déclin. La langue véhiculaire (qui souvent n'est pas ou peu fréquemment langue maternelle) tend à s'étendre et à devenir langue maternelle. La situation est plus variable pour la langue officielle (l'ancienne langue coloniale) : elle occupe invariablement une place importante dans les situations et les échanges officiels ou formels, mais sa présence dans la vie quotidienne est très dépendante de la qualité de l'enseignement, de son prestige aux yeux des parents (et des jeunes), de la place prise par les langues véhiculaires régionales, et enfin de l'usage qui en est fait dans les grandes villes et plus particulièrement dans la capitale.

En République démocratique du Congo, deux langues véhiculaires (« nationales ») tendent à prendre une place de plus en plus marquée et à devenir peu à peu des langues maternelles : le lingala et le swahili. Ces langues ne vont pas disparaître : elles se diffusent. Deux autres langues (« nationales ») perdurent mais leur extension n'a pas vocation à dépasser leur région d'origine : le kikongo et le tchiluba qui y sont des langues maternelles (contrairement aux deux précédentes). La langue coloniale, le français, souffre des défaillances de l'enseignement mais maintient sa place dans un système linguistique qui tend à devenir ternaire : français-lingala-swahili. Le swahili s'étend à l'est, le lingala le long du fleuve et à Kinshasa. Mais le lingala a un avantage important, surtout par rapport au swahili : celui d'être la langue de l'endroit qui confère du prestige, celui où le pays s'invente, la capitale, Kinshasa.

A travers ces illustrations on voit se dessiner une ligne d'évolution fréquente dans cette géo-politique des langues en œuvre en Afrique.

La montée des langues véhiculaires

Ce ne sont pas les langues maternelles qui semblent devoir triompher et survivre, ce sont plutôt les langues véhiculaires, celles qui ne sont la propriété de personne, d'aucun groupe, d'aucune ethnie. Une langue maternelle, même parlée par une majorité (surtout parlée par une majorité ?), est rejetée par les autres ethnies, ceux dont elle n'est pas la langue, qui la perçoivent comme une intrusion, une remise en cause de leur identité à l'avantage d'un autre groupe.

Un pays a pris une initiative originale et très volontaire, qui illustre cette tendance : la Tanzanie. Le swahili y a désormais acquis le statut de langue officielle. Il s'agissait d'une simple langue véhiculaire, très peu utilisée comme langue maternelle (pas plus de 3 à 4 %). Elle est en train de devenir la langue d'unification du pays au détriment (partiel mais très clair) de l'anglais, même si cette dernière langue, d'ampleur internationale, a d'excellentes raisons de conserver un rôle important dans la Tanzanie de demain.

Il serait toutefois précipité d'en conclure que les dénominations anglophone, francophone, lusophone, arabophone, n'ont pas de sens. Elles en ont un. La meilleure illustration en est donnée par les querelles, qui tendent à s'envenimer entre Camerounais anglophones et francophones. Assez curieusement le conflit et parfois les affrontements portent sur les droits des locuteurs des deux anciennes langues coloniales, pas sur ceux des locuteurs des langues africaines locales ou régionales !

La petite île Maurice n'a pas ces problèmes. Elle sait tirer profit de son bi/tri-linguisme : avec les touristes par exemple. Et personne ne semble troublé par le fait qu'on utilise l'anglais au sein des administrations, le français dans la plupart des journaux ou dans les échanges formels, le créole (français) dans la vie de tous les jours.

Afriques « x-phones »

L'histoire linguistique de l'Afrique n'est pas achevée : elle est si active et si bouillonnante qu'elle ne peut être que passionnante pour des linguistes. Ils doivent cependant presser le pas car la situation évolue très vite, souvent (mais pas toujours) en faveur des anciennes langues coloniales.

L'explosion démographique du continent et cette métamorphose linguistique en cours lui donnent une dimension et une signification nouvelles. Ce ne sont pas quelques dizaines mais des centaines de millions de locuteurs supplémentaires que cette mutation apporte aux anciennes langues coloniales. Ainsi, événement dont on commence seulement à prendre conscience, l'écrasante majorité des francophones se trouvera en Afrique d'ici quelques décennies.

Le chiffrage est difficile et très aléatoire, puisqu'il dépend des politiques linguistiques des pays et de la qualité des enseignements nationaux. Mais on peut estimer des ordres de grandeur.

Dans une version très simplifiée et extrême (maximale), en ajoutant les prévisions démographiques 2100 de tous les pays des aires linguistiques respectivement anglophone, francophone, lusophone et arabophone, on obtient les chiffres approximatifs (maximum) suivants :

- Aire africaine anglophone 2100 : 1,9 milliard d'habitants
- Aire africaine francophone 2100 : 1,5 milliard d'habitants (1,6 si on ajoute l'Afrique du Nord qui est dans une situation un peu à part)
- Aire africaine lusophone 2100 : 280 millions
- Aire africaine arabophone 2100 : 480 millions

Ces chiffres sont à manipuler avec précaution. Ils ne tiennent aucun compte de la richesse et de la puissance économique des divers pays et de leurs habitants. Ils donnent cependant un aperçu de la carte géo-linguistique de l'Afrique de demain. Deux grandes langues « africaines » : l'anglais et le français. Deux autres langues d'assez grande extension, mais tout de même plus réduite : l'arabe et le portugais.

Mais cette présentation est incomplète. Tout d'abord elle amplifie exagérément le mouvement en direction des langues coloniales puisqu'elle examine le résultat le plus extrême (comme si tout le monde allait parler la langue officielle). Elle indique cependant bien la direction prise. Mais elle voile une autre transformation en cours, moins visible.

La montée en puissance de plusieurs néo-langues africaines :

- 300 millions de Tanzaniens parleront le swahili en 2100, ainsi qu'un à deux cents millions de Congolais. On doit leur ajouter entre cent et cent cinquante millions de Kényans (le swahili est une des 2 langues officielles du Kenya, avec l'anglais), et deux cents millions d'Ougandais (le swahili est aujourd'hui langue véhiculaire, comprise par 90 % de la population), soit un total de 600 à 800 millions de locuteurs africains du swahili à la fin du siècle !

- Entre cent et trois cents millions de Congolais (des deux Congo) parleront alors le lingala : les prévisions sont inévitablement plus approximatives car elles dépendent très fortement de la politique linguistique du gouvernement central (de la RDC avant tout)
- Dans les autres pays de nombreuses langues africaines continueront à être parlées, concurremment ou complémentairement d'une langue européenne : wolof au Sénégal, akan au Ghana, bambara au Mali, haoussa au Niger et au Nigéria, songo en Centrafrique, yorouba au Nigéria aussi, etc.
- L'amharique sera à cette époque très probablement devenue, non sans résistance (de l'oromo), la langue commune des 250 millions d'Éthiopiens.

Il y a donc bien des langues vraiment « africaines » en émergence.

Le swahili est la grande langue africaine du futur, du moins en Afrique de l'Est. C'est une langue de la famille bantoue, qui a été très influencée par l'arabe auquel elle doit une bonne partie de son vocabulaire (à commencer par son nom qui aurait la même racine que le mot sahel qui signifie rivage). C'est la langue véhiculaire de la côte est-africaine. Une langue qui a un passé puisqu'il existe une littérature déjà ancienne en swahili.

La situation est moins nette en Afrique centrale où le lingala a un bel avenir, mais plus difficile à prévoir quantitativement. Le lingala est également une langue véhiculaire mais, d'extension récente et plus restreinte (une partie des deux Congo), elle n'a pas le passé du swahili, aucune littérature connue et elle se transforme très vite. Le lingala est aussi la langue favorite, et largement dominante, de la musique congolaise. C'est un énorme atout : il n'a pas peu contribué à sa réputation et à sa diffusion.

L'Afrique de l'Ouest connaît une évolution très différente de celle de l'Afrique de l'Est (une grande langue véhiculaire, le swahili, devenue peu à peu langue d'unification de plusieurs grands pays). Dans cette région des langues véhiculaires d'expansion géographique plus limitée subsisteront, probablement en assez grand nombre (haoussa en premier lieu, mais aussi yorouba, mandingue/bambara, wolof), sans toutefois égaler le rôle, l'extension et l'influence du swahili à l'est.

Une remontée du français de portée mondiale ?

Ces données prévisionnelles, si grossières et approximatives soient-elles, offrent matière à réflexion. Elles confortent la puissance anglophone, mais la domination de la langue anglaise est telle aujourd'hui que ce n'est pas pour les anglophones un bouleversement.

Il n'en va pas de même du côté francophone. Un potentiel d'un milliard et demi d'habitants dans des pays partageant peu ou prou une même langue, c'est une situation entièrement nouvelle : elle modifie assez radicalement la donne linguistique. Que cela plaise ou non, l'avenir de la langue française passe aujourd'hui par l'Afrique. Il échappe de ce fait à la France : les Africains francophones n'attendront pas d'autorisations de l'Académie Française pour faire vivre « leur » langue !

Un espace linguistique est aussi un espace d'échanges économiques plus faciles et plus intenses : il est de notre intérêt de le cultiver avec des pays appelés à une croissance économique rapide dans un proche avenir. Autant que possible avec notre concours. Il est temps, il est grand temps de nous tourner de nouveau vers l'Afrique !

Appendice 2
Out of Africa : encore une fois ?

Première sortie d'Afrique : il y a deux millions d'années !

Sortir d'Afrique est un vieux tropisme, récurrent dans le genre humain depuis quelques deux millions d'années !

L'Afrique est le berceau de l'humanité. C'est une vérité aujourd'hui connue et assez bien établie. Ce qui est moins connu c'est que l'humanité est née plusieurs fois, au moins deux, en Afrique.

Il y a deux millions d'années quelques petits groupes d'homo erectus (ou apparentés) se sont faufilés hors d'Afrique et ont gagné le continent eurasiatique par le Proche-Orient. Les premiers se sont probablement dirigés vers l'Asie : on retrouve leurs traces (sous forme de squelettes) datées d'il y a 1,8 million d'années en Géorgie.

D'autres ont pris plus tard la direction de l'Europe où ils se sont installés. Ils se sont adaptés à des conditions climatiques très rudes, bien différentes de ce à quoi ils avaient été habitués dans leur berceau africain. La sélection naturelle a joué son rôle : ils étaient noirs de peau et de chevelure : leur peau s'est éclaircie pour mieux utiliser une maigre lumière ; leur toison et leurs cheveux sont devenus plus clairs aussi. Les ères glaciaires qui se sont succédé ont donné un avantage à ceux qui avaient des membres courts, aux costauds plutôt râblés.

Des centaines de milliers d'années ont produit un « homo » nouveau, qui allait devenir l'homme de Néandertal : le premier Européen authentique ! Il est probable que ce premier Européen n'était pas tout à fait le même d'un bout à l'autre de l'Europe et de ses franges : la sélection naturelle n'a pas produit les mêmes résultats dans les régions septentrionales glacées et au Proche-Orient, plus doux. Dans tous les cas son cerveau avait plus que doublé de volume, atteint et même dépassé la taille du nôtre. Il avait des traits assez différents des nôtres : un visage projeté vers l'avant, des arcades très marquées et proéminentes, pas de menton, un crâne en forme de ballon de rugby, un chignon occipital. Mais il avait le même teint clair et (probablement) les mêmes chevelures aux couleurs variées que nous. Le premier « blanc » en somme !

Il est très probable qu'il y ait eu encore quelques arrivées sporadiques de groupes venant d'Afrique, en nombre suffisant pour continuer à partager des gènes communs et demeurer (peu ou prou) interféconds.

Seconde sortie d'Afrique et coexistence néandertal-cro-magnon

Pendant ces centaines de milliers d'années, le genre homo avait continué à évoluer dans son berceau d'origine : l'Afrique. Il y avait produit de nombreuses espèces de descendants, dont le genre cro-magnon (homo sapiens), le nôtre. Cette espèce allait, à son tour, sortir d'Afrique, une fois encore. Elle le fit en nombre (mais probablement par petits groupes successifs), arriva au Proche-Orient avant de gagner plus tard, qui l'Asie, qui l'Europe. Cette nouvelle vague migratoire eut lieu il ya environ cent mille ans.

Ces « migrants » africains étaient noirs, comme l'étaient ceux de la vague précédente et comme le sont les descendants de leurs cousins restés en Afrique : semblables donc aux nombreux groupes humains africains actuels.

Le Proche-Orient était une fois de plus sur leur chemin. Ils y rencontrèrent leurs très anciens cousins (devenus néandertaliens) qui les y avaient précédés il y a bien longtemps. On a retrouvé dans des grottes de la région (Proche-Orient) des squelettes de descendants hybrides : ce qui atteste qu'ils pouvaient être interféconds.

Ils s'engagèrent progressivement plus avant, les uns en Europe, les autres en Asie. Ils cohabitèrent donc pendant des millénaires avec leurs lointains cousins néandertaliens. Très probablement de manière plutôt pacifique. On n'a trouvé sur les squelettes découverts aucune séquelle d'affrontements violents entre groupes humains de cette période. Mais surtout ils ont vécu sur les mêmes grands espaces de chasse et de cueillette pendant ces millénaires (peut-être plusieurs dizaines de millénaires) : cela exclut des guerres d'extermination et même des conflits sanglants systématiques.

Disparition des néandertaliens

Néanmoins les néandertaliens ont fini par s'éteindre : aux alentours de 30 000 ans avant notre ère. Les causes de leur disparition sont inconnues. Elles sont très vraisemblablement liées à l'installation de nos ancêtres (cro-magnon ou sapiens). Deux hypothèses sont le plus souvent formulées : épidémie (comme les Indiens d'Amérique) ; infériorité numérique et/ou démographique. De ces deux hypothèses la plus sérieuse est l'hypothèse démographique. En effet si une maladie colportée par les hommes de cro-magnon avait dû décimer les néandertaliens, c'est à leur arrivée que la catastrophe aurait dû se produire : ils n'auraient pas cohabité, comme ils l'ont fait, pendant des milliers ou des dizaines de milliers d'années.

Les néandertaliens n'avaient jamais été très nombreux (quelques dizaines de milliers). Ils vivaient surtout de chasse (activité dans laquelle ils excellaient, semble-t-il), ils possédaient les organes et les gènes du langage et donnaient une sépulture à leurs morts : ils étaient donc très probablement capables de parler et de partager des représentations symboliques. On peut en inférer qu'ils avaient des capacités cognitives comparables aux nôtres. Ils s'étaient parfaitement adaptés au climat rude (avec de forts épisodes glaciaires) de nos régions (les leurs). En somme ils n'avaient pas de raisons identifiables de disparaître. Pourtant ils se sont éteints au sud de l'Espagne (du côté de l'actuel Gibraltar), comme s'ils y avaient été poussés par plus fort (ou plus nombreux) qu'eux.

L'hypothèse démographique est, pour le moment, la plus vraisemblable. Nos ancêtres cro-magnon, plus prolifiques ou bénéficiant de renforts ultérieurs répétés, poussèrent peu à peu les néandertaliens à l'autre bout de l'Europe. Puis les remplacèrent totalement. Enfin pas tout à fait puisque l'analyse des gènes néandertaliens montre que nous en possédons un peu (entre 2 et 4 %) : il y eût quelques hybrides, eux-mêmes féconds, en petit nombre, suffisant en tout cas pour nous avoir laissé cette marque génétique. Marque qu'on ne retrouve pas chez les Africains actuels qui, eux, ne descendent pas du tout (comment le pourraient-ils ?) de néandertal !

Après la poussée démographique de nos ancêtres africains qui ont probablement éliminé par le nombre les premiers Européens (néandertaliens) et les premiers Asiatiques (dénisoviens), va-t-on assister à une nouvelle poussée encore plus vigoureuse ?

Cette histoire-là n'est pas encore écrite. Mais une tendance lourde, et peu résistible, se dessine. Nous pouvons peut-être l'écrire différemment mais cela va nous demander un très gros effort : pour comprendre, puis réagir avec intelligence devant le nombre, les enjeux et les risques. En sommes-nous capables ?

Table des matières

L'Afrique

aux éditions L'Harmattan

Dernières parutions

LES CHEMINS DE LA MODERNITÉ EN AFRIQUE
Pour changer l'Afrique, changeons de paradigme
Do Nascimento José
Comment comprendre et expliquer la trajectoire post-coloniale des sociétés africaines ? Au-delà des explications doctrinales, idéologiques et surnaturelles, l'observation des faits montre que partout où l'Afrique post-coloniale trébuche, elle trébuche par défaut de modernité. Il faut entendre l'absence d'une organisation sociale basée sur les principes d'anticipation, d'efficience, d'émancipation et de rationalité. Voici un corpus intellectuel nouveau, des grilles de lecture nouvelles permettant de penser d'une manière émancipatrice le continent.
(45.00 euros, 616 p.)
ISBN : 978-2-343-13563-2, ISBN EBOOK : 978-2-14-005271-2

LA RELANCE DE L'AFRIQUE
Nkunzumwami Emmanuel
L'Afrique est tantôt perçue avec commisération pour celles et ceux qui en attendaient un décollage économique, avec de réels progrès sociaux et une place de ses pays au milieu des grandes nations, tantôt avec une grande espérance pour celles et ceux qui croient que ses mauvais jours sont derrière nous. Ce livre vise à réconcilier les deux perceptions de l'Afrique, sur la base des analyses objectives et claires. Il présente l'état des lieux sur le continent, et propose des chantiers pour en relancer les économies.
(Coll. Études africaines, 37.00 euros, 364 p.)
ISBN : 978-2-343-13508-3, ISBN EBOOK : 978-2-14-005314-6

PATRIMOINE CULTUREL AFRICAIN
Matériau pour l'histoire, outil de développement
Fouellefak Kana Célestine Colette, Nzesse Ladislas
Préface de Denis Bienvenu Nizéséte
Cet ouvrage vise à accompagner les peuples africains à s'approprier leur histoire et leur culture. Placer le patrimoine africain au cœur de la recherche, c'est poser indubitablement la question de la mémoire et de l'héritage collectif, interroger les valeurs culturelles et impulser les créations artistiques et littéraires. Comment reconstituer l'histoire de l'Afrique à travers son patrimoine culturel ? Comment préserver les traditions culturelles africaines dans un contexte de mondialisation ?
(Harmattan Cameroun, 39.00 euros, 472 p.)
ISBN : 978-2-343-13542-7, ISBN EBOOK : 978-2-14-005312-2

DE LA REINE DE SABA À MICHELLE OBAMA
Africaines, héroïnes d'hier et d'aujourd'hui
À la lumière de l'œuvre de Cheikh Anta Diop
LY-TALL Aoua B. - Préface de Serge Bouchard
Triplement victimes (colonisation/esclavage, idéologies d'infériorisation et domination mâle), de grandes figures féminines africaines restent méconnues. Cet ouvrage, dans la perspective de contribuer à les sortir des décombres de l'Histoire, met en relief leurs personnalités hors pair, leurs pouvoirs spirituel, politique, économique, social, culturel et scientifique, ainsi que leurs influences sur le cours de l'histoire de leurs sociétés, et même, sur celui du monde.
(Harmattan Sénégal, 26.00 euros, 260 p.)
ISBN : 978-2-343-11163-6, ISBN EBOOK : 978-2-14-005291-0

MOBILITÉ PASTORALE ET DÉVELOPPEMENT AU SAHEL
Gaye Ibrahima Diop - Pôle Pastoralisme et Zone Sèches
Préface d'Aminata Mbengue Ndiaye
Le Sahel, espace géomorphologique en marge du désert saharien, reste encore très largement le domaine du pastoralisme. Mais il demeure encore banalement et économiquement marginalisé et sous le poids de déficits remarquables : de l'aménagement du territoire aux services publics, et à l'éducation. Que réservent à la mobilité des pasteurs et de leurs animaux les courants actuels de recomposition territoriale et de régionalisme politico-administratif ? Et que nous réserve la souplesse adaptative traditionnelle des pasteurs ?
(Harmattan Sénégal, 26.00 euros, 250 p.)
ISBN : 978-2-343-13610-3, ISBN EBOOK : 978-2-14-005277-4

LA SOCIÉTÉ SONINKÉ
Hier, aujourd'hui et demain
Cheikh Bouye Diallo Djibril
Cet essai a l'ambition de contribuer à faire connaître la société soninké, sa culture, ses valeurs, son organisation, mais aussi les problèmes, les tensions et les difficultés qu'elle connaît. Il procède à une analyse critique de certaines caractéristiques sociologiques et mentales de cette communauté millénaire.
(Coll. Études africaines, 20.50 euros, 200 p.)
ISBN : 978-2-343-13262-4, ISBN EBOOK : 978-2-14-005310-8

L'ÉMERGENCE ÉCONOMIQUE DANS LES PAYS DE L'AFRIQUE SUBSAHARIENNE
Comment y parvenir ?
N'Gakosso Antoine
Plusieurs pays de l'Afrique subsaharienne ont décrété l'atteinte de leur émergence économique à un horizon précis. Or l'émergence ne se décrète pas - c'est un processus qui se construit. Quelle marche un pays candidat à l'émergence se doit-il de suivre ? Pour y parvenir, le pays devra d'abord être pré-émergent, statut dont le livre met en exergue les critères. Une grille d'évaluation y est également proposée.
(Coll. Études africaines, 14.50 euros, 130 p.)
ISBN : 978-2-343-12737-8, ISBN EBOOK : 978-2-14-004975-0

TU SERAS DOCTEUR.E MON ENFANT !
Expériences et postures de recherche des thésards africains
African PhD Student's Experience and Resarch Perspectives
Sous la direction de Kojoue Larissa
L'économie mondiale du savoir auquel l'Afrique devrait contribuer passe nécessairement par le renforcement de la formation doctorale et le soutien à la recherche. Les étudiants africains s'engagent la plupart du temps dans une thèse sans repères, sans date butoir, sans bibliothèque, sans financements, sans ordinateurs, sans un encadrement effectif et surtout sans autres moyens que la volonté d'y arriver. Concrètement, comment rédige-t-on une thèse de doctorat en Afrique aujourd'hui ? Comment devient-on docteur(e) en sciences sociales à Yaoundé, à Ouagadougou, à Dakar ?
(Coll. Études africaines, 29.00 euros, 278 p.)
ISBN : 978-2-343-12964-8, ISBN EBOOK : 978-2-14-005367-2

LA DÉCOLONISATION ÉCONOMIQUE DE L'AFRIQUE NOIRE FRANÇAISE
Par l'émergence des entreprises nationales et compétitives
Nouafo Joubert
Plus d'un demi-siècle après avoir conquis leurs indépendances, les habitants des États de l'Afrique noire française croupissent toujours dans la pauvreté et la misère. Cette situation résulte du fait que l'ancienne métropole, en leur délaissant le champ politique, a conservé le pouvoir économique grâce à des artifices savants qu'elle a mis en place. Certains pères de l'indépendance avaient compris, avec lucidité, que sans indépendance économique, l'indépendance politique n'est qu'un vain mot.
(Coll. Études africaines, 27.00 euros, 270 p.)
ISBN : 978-2-343-13171-9, ISBN EBOOK : 978-2-14-005206-4

DE LA DIALECTIQUE DÉMOCRATIE / DÉVELOPPEMENT EN AFRIQUE
Contribution au forum de Delphes
Tété-Adjalogo Têtêvi Godwin - Préface de Bemba B. Nabouréma
S'il est exact que «sans théorie révolutionnaire, pas de mouvement révolutionnaire», il est également vrai que cette théorie doit être périodiquement revisitée, reformulée d'une autre façon, sous d'autres angles, avec d'autres termes. C'est dans cet esprit que l'auteur a choisi d'écrire le présent ouvrage - enrichi par les travaux d'un forum tenu à Delphes en 1994 - dans l'espoir que ce pensum trouvera son utilité chez la jeunesse africaine, à la recherche de sa voie...
(15.50 euros, 144 p.)
ISBN : 978-2-343-13247-1, ISBN EBOOK : 978-2-14-005064-0

LE DÉVELOPPEMENT TOURISTIQUE EN AFRIQUE CENTRALE
Une région aux marges du tourisme
Ngar-Odjilo Marabé - Préface de Philippe Bachimon
Cet ouvrage traite du caractère inégal et paradoxal du développement du tourisme perçu, d'une part, comme un véritable instrument de développement par un grand nombre d'institutions internationales. D'autre part, le potentiel

du tourisme est très peu exploré par plusieurs pays africains, notamment ceux de l'Afrique centrale. Le changement de paradigme à travers le choix de la diversification des économies africaines, une urgence pour ces pays, donnera-t-il une place au tourisme ?
(Coll. Études africaines, 28.00 euros, 280 p.)
ISBN : 978-2-343-12741-5, ISBN EBOOK : 978-2-14-005100-5

BERGERS DE LUMIÈRE
Voyage au pays des Peuls
Mariotti Jean-Michel - Préface de Tierno Monénembo
«On dit que les Peuls sont les Juifs de l'Afrique» (Tierno Monénembo). En se laissant guider par leurs troupeaux jusqu'aux rives du fleuve Niger, les Peuls firent le choix de la liberté. Ils ne revendiquèrent pas une terre promise mais s'intégrèrent dans les pays traversés. En suivant ces étranges «bergers de lumière» au cours de leur longue histoire, le lecteur découvrira un aspect souvent méconnu de leur culture.
(Sépia, 24.00 euros, 136 p.)
ISBN : 979-10-334-0127-8, ISBN EBOOK : 978-2-14-005213-2

LES SYSTÈMES DE NUMÉROTATION PARLÉE EN AFRIQUE DE L'OUEST
Modes de dénombrement et imaginaire social
Kane Abdoulaye Elimane
Cet ouvrage consacré aux systèmes de numérotation parlée des groupes ouest-atlantique et mande s'inscrit dans la lignée d'une réflexion philosophique sur l'histoire des sciences et techniques. S'intéressant aux systèmes de numérotation parlée dans les langues africaines, il se situe au carrefour de la linguistique africaine, de l'anthropologie, de l'histoire des peuples d'Afrique et de leurs conceptions et usages de l'idée de nombre.
(Coll. Oralités, 36.00 euros, 358 p.)
ISBN : 978-2-343-13246-4, ISBN EBOOK : 978-2-14-004984-2

MANUEL DE PHONOLOGIE DES LANGUES BANTOUES DU CONGO
Kouarata Guy Noël
Ce manuel est un outil pédagogique visant à initier les étudiants en linguistique à la phonologie des langues bantoues du Congo. Il traite de l'identification des phonèmes, de leur classement, de leurs traits distinctifs, de leur combinaison et de tous les phénomènes phoniques observés dans la variation des formes dans ces langues. Le livre est constitué de plusieurs leçons, appuyées par 29 exercices pratiques permettant aux apprenants de s'exercer le plus possible.
(Coll. Études africaines, 12.00 euros, 86 p.)
ISBN : 978-2-343-09690-2, ISBN EBOOK : 978-2-14-005010-7

Structures éditoriales du groupe L'Harmattan

L'Harmattan Italie
Via degli Artisti, 15
10124 Torino
harmattan.italia@gmail.com

L'Harmattan Hongrie
Kossuth l. u. 14-16.
1053 Budapest
harmattan@harmattan.hu

L'Harmattan Sénégal
10 VDN en face Mermoz
BP 45034 Dakar-Fann
senharmattan@gmail.com

L'Harmattan Cameroun
TSINGA/FECAFOOT
BP 11486 Yaoundé
inkoukam@gmail.com

L'Harmattan Burkina Faso
Achille Somé – tengnule@hotmail.fr

L'Harmattan Guinée
Almamya, rue KA 028 OKB Agency
BP 3470 Conakry
harmattanguinee@yahoo.fr

L'Harmattan RDC
185, avenue Nyangwe
Commune de Lingwala – Kinshasa
matangilamusadila@yahoo.fr

L'Harmattan Congo
67, boulevard Denis-Sassou-N'Guesso
BP 2874 Brazzaville
harmattan.congo@yahoo.fr

L'Harmattan Mali
Sirakoro-Meguetana V31
Bamako
syllaka@yahoo.fr

L'Harmattan Togo
Djidjole – Lomé
Maison Amela
face EPP BATOME
ddamela@aol.com

L'Harmattan Côte d'Ivoire
Résidence Karl – Cité des Arts
Abidjan-Cocody
03 BP 1588 Abidjan
espace_harmattan.ci@hotmail.fr

L'Harmattan Algérie
22, rue Moulay-Mohamed
31000 Oran
info2@harmattan-algerie.com

L'Harmattan Maroc
5, rue Ferrane-Kouicha, Talaâ-Elkbira
Chrableyine, Fès-Médine
30000 Fès
harmattan.maroc@gmail.com

Nos librairies en France

Librairie internationale
16, rue des Écoles – 75005 Paris
librairie.internationale@harmattan.fr
01 40 46 79 11
www.librairieharmattan.com

Librairie l'Espace Harmattan
21 bis, rue des Écoles – 75005 Paris
librairie.espace@harmattan.fr
01 43 29 49 42

Lib. sciences humaines & histoire
21, rue des Écoles – 75005 Paris
librairie.sh@harmattan.fr
01 46 34 13 71
www.librairieharmattansh.com

Lib. Méditerranée & Moyen-Orient
7, rue des Carmes – 75005 Paris
librairie.mediterranee@harmattan.fr
01 43 29 71 15

Librairie Le Lucernaire
53, rue Notre-Dame-des-Champs – 75006 Paris
librairie@lucernaire.fr
01 42 22 67 13

www.ingramcontent.com/pod-product-compliance
Lightning Source LLC
LaVergne TN
LVHW051407061026
849535LV00009B/3404
* 9 7 8 2 3 4 3 1 4 8 7 4 8 *